Samuel Awadhifo Ayibho

Le judaïsme : point de départ du christianisme chez Hegel et Feuerbach

Samuel Awadhifo Ayibho

Le judaïsme : point de départ du christianisme chez Hegel et Feuerbach

Evangile contre le néopaganisme

Éditions Croix du Salut

Imprint

Cover image: www.ingimage.com

Publisher:
Éditions Croix du Salut
is a trademark of
Dodo Books Indian Ocean Ltd., member of the OmniScriptum S.R.L Publishing group
str. A.Russo 15, of. 61, Chisinau-2068, Republic of Moldova Europe
Printed at: see last page
ISBN: 978-620-3-84149-7

Cet ouvrage est dédié à mémoire de notre père Révérend Pasteur Jackson Ayibho décédé, qui nous a quitté depuis 2016 et à tous les chrétiens dans le monde entier.

Remerciements

Comme scientifique et chrétien il est normal de se poser des questions sur l'homme et son destin. Pour vivre en paix et organisé, il est nécessaire que l'homme accepte la religion et combatte l'hérésie. La dissertation de cet ouvrage est le moyen que nous optons pour un Evangile contre le néopaganisme considéré comme hérésie.

Nous disons d'abord, merci à toute la famille biologique et scientifique. Ensuite, nous remercions le professeur Emmanuel Muamba Kamuanga, pour avoir accepté de nous encadrer.

Samuel AWADHIFO Ayibho

0. INTRODUCTION GENERALE

Dans cette dissertation nous tentons à comprendre le sens de la religion christianisée en prenant le judaïsme comme point de départ. Nous nous référons de deux grandes figures qui sont : Hegel et Feuerbach. Tous ceci, pour éviter le néopaganisme[1] comme un retour au paganisme ancien.

La philosophie a été opposé à la métaphysique, comme Feuerbach l'avait opposée au profit de spéculation le jour où, il prit position contre Hegel. La métaphysique du XVIIème Siècle avait cédé au matérialisme (français) du XVIIIème Siècle le terrain. Il va paraitre dans cette perspective la restauration dans la philosophie allemande. Hegel, après avoir uni toute la métaphysique on a vu encore des nouvelles attaques contre les théologiens. La représentation feuerbachienne réside dans le socialisme et communisme[2].

Aujourd'hui, nous constatons que les conséquences théologiques et philosophiques sont très discutées. C'est avec Feuerbach que la pensée occidentale trouve un progrès. Feuerbach, considéré comme un théologien-philosophe porte beaucoup d'estimes dans l'histoire de la philosophie. Feuerbach pense que le système hégélien constitue une entreprise non négligeable également en théologie[3]. Le sens de christianisme dont le judaïsme constitue le point de départ nécessite l'approche théologique et philosophique pour sa réalisation.

La question de nécessité du Dieu unique qui est contraire au paganisme relève selon Hegel une aporie en théologie fondamentale dans un parler chrétien. A ce qui précède,

---

[1] En effet, Emmanuel Mwamba Kamuanga souligne que les athées du dix-huitième siècle n'ont pas hésiter à voler à l'Eglise ce qui l'appartenait. (E.K. MWAMBA, « Pour une éducation politique chrétienne en RDC » *in* : *Revu Théologique Shalom* : L'Eglise/la Bible et la politique, *actes des journées Scientifiques organisées par le Centre de Recherche Shalom du 27 au 29 avril 2011*, 2^{e}Année, Numéro 2, (2011), p.49. Lire aussi à ce sujet, E.K. MWAMBA, The probleme of teaching twofold love : Christian education and culture of peace in he Great Lakes Region, [Le problème de l'enseignement du double amour : éducation chrétienne et une culture de paix dans la région des Grands Lacs]. Dth Thesis, Universty of South Africa, 2008.). Voltaire pense qu'il existe aujourd'hui beaucoup d'athées chez les chrétiens. VOLTAIRE, (dir), Dictionnaire philosophique, Los Gallardos,2005, p.332. A ce qui précède, nous devons savoir qu'il existe quelque chose qui soit nécessaire, cette chose existe comme un Etre éternel, immuable dans la constitution, c'est Etre est Dieu. E. KANT, Pensée successives sur la théodicée et la religion, (Trad. P. PESTUGIERE), Paris,1963, p.101. Pour éviter la tendance athéiste il y'a nécessité d'expliquer la foi chrétienne dès ses origines. La compréhension exacte du christianisme est aussi un évangile contre le néopaganisme. Dans cette perspective, il n'est pas question de procéder seulement des méthodes théologiques, mais de tenter aussi dans une approche philosophique.

[2] K. MARX et F. ENGELS, Sur la religion, (Trad. G. BADIA, P. BANGE et E. BOTTIGELI), Paris,1968, p.56. Aussi, nous devons savoir que la philosophie nous sert à comprendre ce qui se présente comme radical dans notre entendement. N. KALINDULA, Articulation de la raison et problème des fondements des sciences dans l'épistémologie de Jean Ladrière, Thèse de doctorat en Philosophie, Université Catholique du Congo, Kinshasa-Limete, mars 2017, p.17. Lire aussi, J. LADRIERE, La Philosophie des Sciences, dans P. WIGNY, La nouvelle bibliothèque de l'honnête homme, Anvers, Imprimerie Excelsior, 1968, p. 697.

[3]Cf. H. MOTTU, « La portée philosophique et théologique de la rupture de Marx avec Feuerbach », *In* : *Revue de Théologie et Philosophie*, Troisième série, volume 32, numéro 2, Librairie Droz, 1965, p. 65 -66.

l'approche philosophique doit être également un essai pour se libérer de l'irrationalisme[4]. Ainsi, c'est ce que nous tentons d'en faire dans deux théories. Il s'agit premièrement dans l'approche hégélienne, ensuite feuerbachienne. Deux théories qui relèvent le sens du judaïsme et christianisme.

Hegel s'efforce à réconcilier les sens théologique et philosophique du christianisme dont le judaïsme est pris comme point de départ. Il ne manque pas dans cet effort hégélien des tendances athéistes de son époque qu'il a tenté intégrer de manière positive[5]. En effet, cet effort entrepris par Hegel mettant au claire le principe d'interdisciplinarité fait également la préoccupation de Feuerbach. La conception feuerbachienne établit également une différence entre le sens théologique et philosophique pour l'interprétation du christianisme.

On le sait, si l'on considère le texte feuerbachien nous constatons que Feuerbach n'a cessé de s'écarter de la théologie pour la compréhension de la religion christianisée et de Dieu unique. Mais il reconnait volontiers la pertinence de la théologie spéculative qui poursuit un intérêt général comme la philosophie[6].

---

[4]Cf. E. BRITO, « La mort de Dieu selon Hegel. L'interprétation d'Eberhard Jüngel », *In* : *Revue Théologique de Louvain*,17e année,3, Louvain–la–Neuve, Rue de la Houe 1, 1986, p.293. On le sait, Hegel donne une valeur absolue à la religion chrétienne et prétend que seul le christianisme est une doctrine religieuse par excellence parmi tant d'autres. Il est à connaitre que les hégéliens se subdivisèrent en suivant la perspective philosophique et politique. D'abord, il existe les « hégéliens de droite » qui argumentent en faveur de la conception hégélienne, que celle –ci soit en politique ou en religion. Ensuite, on parle des « hégéliens de gauche » ou « jeunes hégéliens » qui formules les critiques à l'égard de leur maitre. Ils ne retiennent que la révolution quand on parle de la doctrine hégélienne. Nous devons savoir également que « les jeunes hégéliens » font suivant la négation de la religion chrétienne, ce qui est contraire aux « hégéliens de droite ». (Cf. A. DURAND, « Feuerbach lecteur de Fichte » *In* : *Philosorbonne*, 3, Sorbonne 2009, p.33.). Ainsi, il y'a lieu de reconnaitre qu'une telle subdivision s'inscrit véritablement dans un sens philosophique suite à son caractère critique. En effet, c'est avec Hegel que l'idéalisme atteint le sommet. La réflexion hégélienne s'oriente dans une perspective de dépassement de l'être et de la pensée. Comme Platon, Hegel identifie la pensée de l'être comme idée (Etre comme Idée). Il en est de même avec Descartes dans le cogito. Feuerbach refuse cette identification hégélienne platonicienne ou cartésienne dirions–nous de l'être à la pensée. (Cf. R. VANCOURT, « " Philosophie de l'avenir" et "Religion de l'homme" selon Feuerbach », *In* : *Nouvelle Revue Théologique*,96, Numéro 3, Lille,12e rue de la Bassée, 1974, p.267.)

[5] Cf. E. BRITO, « La mort de Dieu selon Hegel. L'interprétation d'Eberhard Jüngel », p.295. On le sait, le monde est rempli de péché et pécheurs il y'a nécessité d'Evangile. Mais, Dieu reste amour. A. CIMWANGA BADIBANGA ; Mbororo, l'invention d'une nation ; Editions Universitaires Européens, Berlin,2016, p.37.

[6] L.FEUERBACH « Préface », *Essence du christianisme*, (Trad.J.ROY), Paris,1864, p.8. Spinoza donne trois raison pour la non coexistence de la philosophie et théologie. En premier lieu, il fait mention des préjugées théologiques qui ont pour conséquence l'empêchement de l'étude de la philosophie. C'est dans cette perspective qu'il s'écarte en aidant les hommes moins cultivés. Deuxièmement, l'erreur des théologiens qui l'ont accusé comme un athéiste. En fin, la libre volonté de défendre la liberté et les paroles des grandes autorités laissées aux pasteurs constituent les dernières raisons pour s'écarter des théologiens. SPINOZA, Traité théologico –politique, (Trad. C. APPUHN), GF Flammarion,1965, p.5. L'étude de renouveler les textes de l'*Ancien Testament* dans la Bible faisait aussi une partie de sa réflexion comme lecteur de Bible. C'est au moment de son excommunication précisément que Spinoza décide de s'attaquer aux préjugés des théologiens. Il trouva des préjugés graves dans ses amis précisément Mennonites et Collégiants concernant l'Ecriture et sa propre personnalité considérée irraisonnable. Il est à savoir que Spinoza jusqu'au moment de son retraite était qualifié d'athée par certains savants et pasteurs. Ces derniers l'accusaient d'être un instrument de transmission des vices dans la société. *Ibid.*, p.6 -5. Jean de Witt a été accusé pour avoir participé à la publication du *Traité théoloco-politique*, un ouvrage de Spinoza jugé comme une fabrication de l'enfer avec collaboration de diable. *Ibid.*, p.8.

C'est dans cette même perspective que cette conception feuerbachienne s'interprète comme mépris partiel de connaissance théologique. Il s'agit de mépris de la théologie et non des théologiens. Feuerbach s'efforce à donner la cause première et le premier principe, ce qui le pousse à une forte considération spéculative pour l'interprétation de la religion[7]. En effet, la théologie doit être complétée par la connaissance philosophique dans les différentes interprétations des doctrines religieuses. L'assistance philosophique s'inscrit dans le domaine d'interdisciplinarité.

Dans la *Phénoménologie de l'esprit*, *l'Encyclopédie* et *les Cours de Berlin sur la Religion*, Hegel argumente en faveur de la théologie spéculative qui s'appuie sur des suppositions fondamentales[8]. Beaucoup de chercheurs qui se sont intéressés à l'herméneutique hégélienne de la religion aboutissent suivant au résultat selon lequel Hegel dans son étude de la religion, identifie la philosophie d'avenir comme une religion. Cette tendance hégélienne de considérer la philosophie comme religion fait mention de multiple philosophes. Nous pouvons parmi tant d'autre citer Hyppolite et Feuerbach lui-même[9]. Aussi, Hegel se prononce sur la lecture théologique des dogmes élaborés par l'Eglise.

Hegel ne s'attaque pas tellement aux dogmes enseignés par l'Eglise. Néanmoins, il refuse la théologie pratiquée. La popularité de jugement hégélien sur la théologie fait à ce qu'on insiste[10].En effet, nous pouvons dire volontiers que Hegel reconnait l'importance théologique pour la compréhension de la religion a seule condition que cette théologie soit bien pratiquée.

Dans la même perspective, il est à noter que la doctrine enseignée par l'Eglise fait à ce que la philosophie se réconcilie avec la théologie de l'entendement. La théologie et philosophie possèdent l'une à l'autre le même contenu [11]. La conception hégélienne du rapport entre la théologie et philosophie fait interprétation de beaucoup de philosophes notamment Feuerbach.

Les philosophes s'intéressent plus souvent à Feuerbach suite à son établissement de rapport existant entre Marx et Hegel. Sa pensée est souvent considérée comme idéalisme hégélien. Feuerbach pense que les théologiens de l'Eglise évangélique considèrent souvent les

---

[7]L.FEUERBACH « Préface », *Essence du christianisme,* p.8.

[8]Cf. B. GARCEAU, « Les travaux de jeunesse de Hegel et l'interprétation de sa philosophie de la religion », In : *Philosophiques*, Volume 1, Numéro 1, Québec, Avril 1974, p.23. On le sait, les textes de Hegel relèvent l'intention profonde de sa conception théologique. Il en existe également les prétentions selon lesquelles la philosophie développée possède des révélations de la religion chrétienne. Les cours de Berlin explicitent d'ailleurs rationnellement le sens de la religion. (*Ibid.*, p.28).

[9] Cf. BENOIT GARCEAU, « Les travaux de jeunesse de Hegel et l'interprétation de sa philosophie de la religion », p. 25. A ce sujet, il est préférable de lire également J. HYPPOLITE, Genèse et structure de la phénoménologie de l'esprit, Paris, Aubier, 1946, p.514.

[10] *Ibid.*, p.27.

[11] *Ibid.*

textes philosophiques. Il donne l'exemple de philosophe de Bruckberg. Les athées et antiathéistes s'inspirent à des écrits philosophiques appelés la « somme antithéologique » confirme Ludwig Feuerbach[12].

L'identité de philosophie et la religion prônée par Hegel est défendu, non acceptée par Feuerbach[13]. En ce qui concerne la théologie, les principes théologiques sont parfois arbitraires pense Feuerbach. Il justifie sa réflexion par le fait qu'en théologie le bien est souvent la volonté de Dieu [14]. A cet effet, nous nous interrogeons pour saisir le sens du judaïsme et christianisme dans une approche philosophique. Que pouvons-nous comprendre du judaïsme selon Hegel et Feuerbach ? Et quelles sont les théories feuerbachienne et hégélienne du christianisme ? Nous tentons répondre dans cette dissertation à ces questions posées.

Les hypothèses nous aident à comprendre un sujet d'une dissertation. Dans cette perspective, il parait inadmissible qu'un travail scientifique manque des hypothèses. Dans cette dissertation nous formulons les hypothèses selon lesquelles :

En premier lieu, la compréhension évidente de l'origine de la religion chrétienne qui réside dans le judaïsme chez Hegel et Feuerbach, serait un atout pour proclamer le monothéisme, enfin, elle éviterait toute tentative du néopaganisme.

Au second lien, la compréhension exacte de l'Evangile de la religion chrétienne dans les approches philosophiques nous aiderait à percevoir le meilleur du monothéisme. Elle renforcerait la foi religieuse basée sur un seul Dieu, enfin elle présenterait le rôle non négligeable de la rationalité philosophique.

Notre objectif par la rédaction de ce travail est d'expliquer la foi religieuse entraver la rationalité scientifique. La foi chrétienne dont il s'agit, pour combattre toute tentative du néopaganisme, qui est contraire à la religion chrétienne.

Nous nous sommes fixés comme objectifs également, la connaissance du sens de la religion chrétienne en prenant le judaïsme comme point de départ. Il s'agit dans cette perspective de faire un Evangile contre toute pratique hérétique.

Un homme fait quelque chose parce qu'il est motivé. Nous voulons en travers ce travail présenter les sources judaïques du christianisme, pour éviter toute tendance aux pratiques considérées comme hérésies. Il s'agit entre autre du néopaganisme qui n'est que contraire du

---

[12] Cf. TRAN VAN TAN, « La mort et le problème de Dieu dans la pensée de Ludwig Feuerbach », *In* : *Revue Philosophique de Louvain*, Quatrième série, tome 73, numéro 18, 1975, p.305. Marx et Engels estiment que Feuerbach a opté au problème religieux. Cette obtention l'a conduit au refus de toute influence de la praxis politique marquée en son époque. (Cf. *Ibid.*)

[13] *Ibid.*, p.343.

[14] Cf. A. DURAND, « Feuerbach lecteur de Fichte » *In* : *Philosorbonne*, 3, Sorbonne, 2009, p.112.

monothéisme et qui prône le polythéisme. Nous allons nous référer de l'approche hégélienne et feuerbachienne.

Nous sommes spécifiquement motivés par la rédaction de ce travail, car il fera objet de publication scientifique, pas seulement pour l'octroi d'un gain mais pour contribuer à faire un Evangile contre le néopaganisme, possible dans une rationalité philosophique.

Notre dissertation étant un travail scientifique, elle possède également la méthode et technique. Pour la réalisation de ce travail nous avons fait le choix de la méthode phénoménologique qui consiste à mettre à doute ce que certains penseurs ont affirmé, réduire non dans le sens de diminution mais de purification[15]. Ensuite la technique documentaire.

Le travail se subdivise en deux partie, la première parle du judaïsme selon Hegel et Feuerbach, mais la seconde explique le christianisme dans l'approche hégélienne et feuerbachienne. Nous avons six chapitre.

Le premier chapitre parle du judaïsme chez Hegel, explique la généralité de la conception, le monothéisme judaïque et présente les critiques hégéliennes de la religion juive. Le deuxième chapitre parle du judaïsme dans la théorie feuerbachienne ; il s'agit de la généralité sur la conception du judaïsme chez Feuerbach, le monothéisme judaïque enfin les critiques dans la conception. Le troisième chapitre tente de faire une comparaison entre Hegel et Feuerbach vis-à-vis des conceptions judaïques.

Le quatrième chapitre est pour l'idée du christianisme dans l'approche hégélienne. Nous parlons de généralité sur la conception, le monothéisme chrétien et l'incarnation qui est considérée comme essentielle de la religion chrétienne. Enfin, il ne manque pas aussi des critiques dans la conception. Le cinquième chapitre montre le vif de la religion chrétienne dans l'approche feuerbachienne. Il s'agit d'abord de présenter la généralité sur la conception, le monothéisme chrétien, la représentation du Christ en fin les critiques dans la conception. Le dernier chapitre fait une comparaison entre l'approche hégélienne et feuerbachienne du christianisme en terme d'identité et différence.

[15]On le sait, la méthode phénoménologique est l'œuvre de Philosophe et Mathématicien allemand, Edmund Husserl (8 Avril 1859-8Avril 1938, 78ans.).Cf. Biographie d'Edmund Husserl, disponible sur htttps://www.google.com/search?q=méthode+phénoménologique+Edmond+Hursell&oq=méthode+phénoménologique+eDMOND+Hursell&aqs=chrome...69i57.2629ojoj4&client=ms-android-transsion-rev1&sourceid=chrome-mobile&ie=UTF-8 . Consulté samedi 17 avril 2021 à 00 :58.

PREMIERE PARTIE : LE JUDAISME SELON HEGEL ET FEUERRBACH

Cette partie qui est la première de notre dissertation explique le judaïsme selon Feuerbach et Hegel. Le premier chapitre, interprète le judaïsme chez Hegel. Il s'agit de donner : la généralité sur la conception judaïque de Hegel, le monothéisme judaïque chez Hegel et l'herméneutique hégélienne du judaïsme. Le deuxième chapitre tente de présenter le sens du judaïsme dans l'approche feuerbachienne. Nous parlons d'abord de généralité sur la conception judaïque de Feuerbach ensuite le monothéisme judaïque chez Feuerbach. Enfin, il s'agit de faire savoir l'herméneutique feuerbachienne du judaïsme. Le troisième chapitre s'accentue sur la relation entre les conceptions judaïques chez Feuerbach et Hegel. Nous présentons l'identité entre Feuerbach et Hegel, ensuite la différence des deux approches : feuerbachienne et hégélienne.

Le judaïsme est la religion de peuple juif, néanmoins ils sont des monothéistes, bien que l'interprétation hégélienne ne soit pas en totalité à leur faveur. Il existe dans la même perspective l'identité entre Hegel et Feuerbach sur la conception judaïque et la différence n'est pas aussi exclu.

Chapitre I. JUDAISME CHEZ HEGEL

I.1. Introduction

Dans ce chapitre qui est le premier de notre dissertation, nous parlons d'abord de la généralité sur la conception judaïque de Hegel en expliquant la nature de peuple juif et le judaïsme. Ensuite nous tentons de présenter le monothéisme judaïque dans l'approche hégélienne. En fin, nous faisons un essai sur les critiques hégéliennes du judaïsme en terme des arguments pour et contre le judaïsme.

I.2. La généralité sur la conception judaïque de Hegel

I.2.1. Le peuple juif et le judaïsme chez Hegel

1.2.1.1. Le peuple juif

Le peuple juif a contribué à la civilisation dans le monde. Hegel[16] reconnait cette contribution, néanmoins il souligne l'exclusion des juifs au droits de l'homme et de citoyen. Hegel contribue dans sa réflexion pour parler des juifs et des allemands. Des multiples innovations en Europe central feront à ce que la langue latine s'y impose. Ce domaine germanophone pensait que la politique de l'*impérium* de romain était spécialement confiée[17]. La conquête vers le sud s'arrêtera au moyen–âge après l'apogée de temps de Hohenstaufen ; la colonisation de l'Est contribua contre le progrès des sociétés d'Europe de l'Est. Hegel écrit que

---

[16] Né le 27 août 1770 à Stuttgart Georg Wilhelm Friedrich Hegel est un philosophe allemand. Les manuscrits hégéliens témoignent une réflexion critique sur la religion chrétienne. L'un des deux a été publié sous le titre *La vie de Jésus*. Prenant Jésus pour celui qui enseigne la vertu au sens kantien abstraction faite de tout miracle et de toute résurrection. Son œuvre, postérieure à celle de Emmanuel Kant, appartient à l'idéalisme allemand et a eu une influence décisive sur l'ensemble de la philosophie contemporaine. (SCHLESINGER, « Portrait de Hegel », (1831), disponible sur https://fr.wikipedia.org/wiki/Georg_Wilhelm_Friedrich_Hegel Consulté mardi 6 avril 2021 à 16 :59.) Hegel enseigne la philosophie sous la forme d'un système qui unit tous les savoirs suivant une logique dialectique. Le système est une « phénoménologie de l'esprit » ensuite une « encyclopédie des sciences philosophiques », titres de deux de ses ouvrages, et englobe l'ensemble des domaines philosophiques, dont la métaphysique et l'ontologie, la philosophie de l'art et de la religion, la philosophie de la nature, la philosophie de l'histoire, la philosophie morale et politique ou la philosophie du droit. (*Ibid.*) Hegel poursuit une réflexion critique de la religion sur un mode historique dans des textes publiés au début du XIXe siècle sous le titre *Le christianisme et son destin*, dont les concepts principaux sont : la vie et l'amour. Il est question dans la même perspective du judaïsme dans son rapport au christianisme et à l'hellénisme. Selon Wilhelm Dilthey, Hegel n'a « rien écrit de plus beau » Quand son père mourut , en janvier 1799, Hegel retourne à Stuttgart et dispose d'un héritage qui lui permet l'indépendance. Il décide de devenir privatdozent (assistant-professeur) dans une université. (*Ibid.*) En 1831, Hegel fait une nouvelle édition de la *Phénoménologie de l'esprit*, sans finir la correction de celle-ci, au moment où l' épidémie de choléra décime l'Europe ; Hegel meurt de cette maladie (ou bien d'une maladie d'estomac) le 14 novembre 1831 à cinq heures et quart dans son appartement situé au Kupfergraben à Berlin. Il est enterré deux jours plus tard au cimetière de Dorotheenstadt. Ceux qui prononcèrent le discours à son funéraire sont : le théologien Philipp Marheineke et le critique Friedrich Förster, Hegel fut considéré dans cette perspective à un « cèdre du Liban » et à « l'étoile du système solaire de l'esprit mondial ». Jacques D'Hondt interprète cela comme une allusion à la franc-maçonnerie, à laquelle Hegel aurait appartenu comme Fichte, à côté duquel il fut enseveli, suivant ses propres vœux. (*Ibid.*) Il est à savoir dans la même perspective que le 25 novembre 1831, un journal de Stuttgart publie les derniers mots du dernier cours prononcé par Hegel (sur la philosophie du droit) : « rendre le monde extérieur partout conforme au concept de la liberté une fois reconnu, telle est la tâche des temps nouveaux.» (*Ibid.*)

[17] Cf. O. POEGGELER et P. GARNIRON, « L'interprétation hégélienne du Judaïsme », in *Archives de Philosophie*, Vol. 44, n°2, (1981), p. 190.

les juifs d'Europe central avaient trouvé à ce moment une seconde partie dans la langue allemande[18]. Ainsi la relation entre les juifs et les allemands était perplexe dans le temps.

Le vingtième siècle avait mis fin à la rencontre des juifs et des allemands par un immense génocide de l'histoire. Il est à savoir que le nationalisme et totalitarisme ont rendu difficile l'expansion des juifs en Europe, une partie ne leur fut octroyé que par les Etats –Unis d'Amérique du Nord avec leurs organismes et leur langue anglaise universelle[19]. Les textes hégéliens nous font savoir la haine et la séparation de Hegel à tous les hommes[20].

En effet, l'interprétation de la destinée de peuple juif dans la religion chrétienne est pour Hegel changée à une interprétation de la philosophie de l'histoire. Les juifs n'ont la place que là où la réconciliation arrive d'extrême aliénation pense Hegel. Dans cette perspective le parler juif est considéré comme un argument sur un peuple perdu et retrouvé dans l'histoire chrétienne et moderne[21]. A l'époque de Berne, Hegel considère les juifs comme tout autre peuple. Mail il n'oublia pas la véritable tâche qui consiste à se libérer de toute religion traditionnel[22].

L'histoire de peuple juive est toujours interprétée en tenant compte de sa foi. Pour les juifs Dieu est Un et n'est pas dans la nature néanmoins est esprit. L'homme dans cette perspective apparait comme un être moral qui a la capacité de distinguer le bien et le mal[23]. Dieu est seulement pour le peuple élu(Israël) pense les juifs. Le culte des autres dieux est considéré comme « ténèbres ». Ce qui caractérise également l'histoire juifs est l'exclusion des autres peuples par la cruauté et la haine. L'éclat de peuple juifs sous Salomon et David n'était pas durable[24].

I.2.1.2. Le judaïsme

La représentation que Hegel se fait du judaïsme est celui de Spinoza. Dans les cous de Berlin, Hegel considère en égalité la religion juive de la religion grecque. Hegel ne cessa toute sa vie à se consacrer pour l'interprétation du judaïsme. Pour Hegel le judaïsme est une ténébreuse énigme. L'interprétation hégélienne du judaïsme soulève beaucoup de difficultés[25]. L'histoire de judaïsme remonte de l'*Ancien Testament.*

Hegel mentionne l'histoire du judaïsme d'après *l'Ancien Testament.* Il cherche d'abord à comprendre certains faits par exemple la sortie d'Egypte s'est réellement accompli ? Il fait

[18]Cf. O. POEGGELER et P. GARNIRON, « L'interprétation hégélienne du Judaïsme », p.190.
[19] *Ibid.*
[20] *Ibid.*, p.91.
[21] *Ibid.*, p.192.
[22] *Ibid.*, p.209.
[23] *Ibid.*, p.219.
[24] *Ibid.*, p.219-220.
[25] *Ibid.*, p.193.

une interrogation à *l'Ancien Testament* pour expliquer comment un tel événement pourrait exister[26]. Abraham est considéré comme « un véritable père des juifs » car il quitta son pays et vit en exil. Il traversa plusieurs pays et entra en contacts avec beaucoup d'hommes[27].

Hegel parle de judaïsme en souligna l'éclat éphémère de Salomon, sur les prophètes qui avaient allumé au flambeau d'un démon affaibli leurs flammes. Le seul chemin de sortie des juifs au persécution réside dans la réconciliation avec l'esprit de la beauté[28]. Dans sa période de Frankfort Hegel trouva dans le judaïsme l'idéal opposé de réconciliation entre ce qui est éternel et temporel. Le judaïsme écrit Hegel est de mauvaise origine[29]. Pour Hegel le judaïsme comprend d'énigme.

Dans la période d'Iéna, Hegel ne fait pas tellement l'analyse sur' l'intention profonde des juifs, il est certain dans cette perspective de penser que l'énigme du judaïsme ne lui est pas seulement attirante mais aussi repoussante[30]. Le judaïsme n'est pas seulement défini par Hegel comme un chemin qui mène à la corruption correspondant au monde antique, mais également comme une voie menant au de-là de ce monde douloureux[31]. Dans la réflexion hégélienne le judaïsme est situé au-dessus du stoïcisme[32]. Nous constatons dans cette perspective l'unanimité que Hegel ne cessa de se faire à l'égard de cette religion de malheur(judaïsme).

Hegel tente d'expliquer l'énigme du judaïsme en autre façon. Dans cette perspective il renforce sa philosophie pour y arriver. Bien qu'il en soit, le judaïsme est un moment, une étape non négligeable pour le développement de la raison. Néanmoins un moment qui doit être transcendé et contrôlé[33]. Hegel pense que la foi Juive reconnaît l'homme comme un individu qui peut participer à des prérogatives de la raison. Dans cette perspective, il peut devenir citoyen et rencontrer son identité[34].

Hegel fait allusion à la guerre des Juifs contre Rome au premier siècle de l'ère chrétienne, une guerre qu'on connait par les récits de Flavius Josèphe (une des sources de Hegel), qui se termine par la destruction du second Temple en l'année 70. Il est à noter que dans ce passage extraordinaire, car singulier, isolé, les Juifs sont placés en première place,

---

[26]Cf. O. POEGGELER et P. GARNIRON, « L'interprétation hégélienne du Judaïsme », p.212.
[27] *Ibid.*, p.213.
[28] *Ibid.*, p.214.
[29] *Ibid.*, p.216.
[30] *Ibid.*, p.218.
[31] *Ibid.*, p.220.
[32] *Ibid.*, p.220.
[33] Cf. G. LISSA, « Deux modèle philosophiques de l'antijudaïsme : Hegel et Nietzsche », In : *Press*, vol 1, n°38, (2005), p.119-120.
[34] *Ibid.*, p.123.

comparativement aux Grecs où, contrairement à ce qui s'est réalisé pour ces derniers, leur ville n'a pas surmonté à leur État, signe d'une lutte sans renoncer pour leur vie commune[35].

Nous devons savoir que la perspective de ce fragment est à ce point divergente de celle de la *Vie de Jésus* que la non-reconnaissance du Christ par les Juifs est ici souligné par Hegel pour la raison même qu'elle était jugée négativement dans le texte précédent, à savoir que le Christ n'est pas un Messie politique : un Messie qui se présente sans réaliser les espoirs politiques de la nation est rejeté, à juste titre. Car le point essentiel n'est plus de purifier les mœurs de leurs préjugés néanmoins, de maintenir les traditions nationales qui sont en danger sans indépendance politique[36].

I.3. Le monothéisme judaïque chez Hegel

Dans le développement judaïque l'esprit est considéré comme la puissance dominante ; comparable au Seigneur mais Seigneur dépourvu de compassion. Comme Paul, Hegel ressent un trouble quand on parle de Dieu d'Israël. Ce Dieu lui parait comme abime au quel peut venir une menace[37]. En effet, en faisant interprétation de la réflexion du monothéisme dans le judaïsme, Hegel n'hésite pas à soulever la notion d'Alliance.

Dans cette même perspective, pour Hegel comme dans la réflexion juive, l'Alliance comme promesse infini n'est pas soumis aux privilèges ou préférences. Le terme transcende toute les limites[38]. Ainsi, nous pouvons dire que l'idée de Dieu unique est prônée dans le judaïsme en tout évidence pour éviter les tendances du paganisme. Il en de même au néopaganisme pour éviter les erreurs du passé.

La nature et créatures sont les œuvres de Dieu, de Sa sagesse et de Son merveille ; les monuments de l'art ne sont les ouvrages humains. Il y a dans cette perspective un mépris qui consiste à croire que Dieu n'agit pas dans l'homme et par l'homme, et que le champ de son activité ne s'étend pas en dehors de la nature. C'est là une opinion incorrecte qu'on ne peut trop écarter, si l'on veut se former une véritable idée de l'art[39].

On pourrait ajouter quelques citations du même ordre ou on trouve ici des préjugés antijuifs (contre le judaïsme), nul doute. Le peuple juif est ici considéré comme ayant atteint la porte du salut sans avoir accepté de la franchir : il reste donc bloqué devant elle, c'est-à-dire à

---

[35] ARI SIMHON, « Une " sombre énigme " ? Etude hégélienne » (2006) , disponible sur https://www.cairn.info/revue-archives-de-philosophie-2006-4-page-601.htm Consulté mercredi 7 avril 2021 à 13 :27.

[36] *Ibid.*

[37] Cf. G. LISSA, « Deux modèle philosophiques de l'antijudaïsme : Hegel et Nietzsche », p.121-122.

[38] Cf. P. GRAVEL, « Pour une logique de l'action tragique : Hegel et la tragédie », *In* : *Philosophiques*, Volume 5, Numéro 1, (Avril 1978), p.112.

[39] G.W.F. HEGEL, *Esthétique*, Tome I (Trad. Ch. BERNARD), Quebec, 1835, p.24.

l'extérieur du salut. Le salut, que l'on peut deviner comme la religion chrétienne, l'essence autre du judaïsme alors qu'il n'est que sa propre essence, son propre accomplissement, son propre produit dans lequel il ne se reconnait pas[40].

La séparation du judaïsme et du christianisme est de manière dialectique, conçue comme une séparation du judaïsme avec lui-même, avec sa vérité : le judaïsme dans cette perspective s'accomplit dans la religion christianisée, inversement, le christianisme et le judaïsme s'accomplissent. Le peuple juif rejetant le christianisme rejette plus essentiellement le judaïsme lui-même dans sa figure accomplie, rejette le destin et se trouve réprouver[41].

Cette image du peuple juif figé, immobilisé, devant la porte du salut est considéré comme ce qui véhicule la chrétienté. Ensuite, fait irrépressiblement penser aux images sculptées qui ornent les cathédrales où l'image de la synagogue fait face à celle de l'Église, néanmoins sans parvenir à la voir, ayant un bandeau sur les yeux, se trouvant par là même réprouvée[42].

Nous ne devons pas également ignorer qu'au Moyen Âge, « Israël » est compris comme « celui qui voit Dieu » et non « celui qui combat avec Dieu » (Jacob) et cette (fausse) étymologie fait que la religion christianisée se pense comme le vrai Israël contrairement aux Juifs qui, n'ayant pas vu Dieu en Jésus, ne sont plus le véritable Israël. Ce manuscrit manifeste une différence de fond avec les écrits de jeunesse qui voyaient en ces deux religions des « esprits » dont aucun n'acheminer à l'autre[43].

Il est à savoir que *La philosophie de l'histoire* hégélienne qui va suivre la *Phénoménologie de l'esprit* offrant pour sa part un rôle essentiel au judaïsme, une nouvelle forme de l'énigme se donne à nous. Si l'hypothèse qui se formule est réel, il est souhaitable de lever l'énigme. C'est dans le monde romain que le judaïsme se trouve mentionné comme montrant le mieux la négativité propre de son moment ultime[44].

Pour Hegel, l'alternative ne peut être que la suivante : ou un peuple n'a aucun rôle dans l'histoire du monde ou son image historique constitue un moment du devenir de l'Esprit. Se trouve exclu de ce changement ce que la pensée juive a parfois reconnu comme une posture transcendantale à l'histoire, celle qui consiste à n'être ni de plain-pied dans l'histoire[45].

---

[40] ARI SIMHON, « Une " sombre énigme " ? Etude hégélienne » (2006) , disponible sur https://www.cairn.info/revue-archives-de-philosophie-2006-4-page-601.htm Consulté mercredi 7 avril 2021 à 13 :27.
[41] *Ibid.*
[42] *Ibid.*
[43] *Ibid.*
[44] *Ibid.*
[45] *Ibid.*

Pour Hegel, si l'homme romain est un néant devant César, l'homme juif est un néant devant Yahvé et aussi bien pour le romain que pour le juif la puissance qui s'exerce sur l'homme (l'Empereur divin ou le Dieu-Un) est non rationnelle. Ces deux dualismes, coupant le fini de l'infini, assujettissent par là même le fini. Hegel pense que ce dualisme est le règne de l'extériorité qui domine l'homme : en dissociant le fini de son autre, il fait certes émerger la personne à elle-même, ce qui peut se présenter comme un gain et constitue un moment de liberté (abstraite), néanmoins, Hegel précise que cet autre dont le sujet s'est dégagé, par son extériorité même lui met fin, le domine enfin l'aliène[46].

Les *Leçons sur la philosophie de la religion* montre les Juifs de l'empire romain comme le joueur dans la mesure où c'est l'Etat romain lui-même qui est considéré comme le cadre objectif au sein duquel leur esprit s'inscrit et joue un rôle. Hegel écrit que le peuple juif fait partie du monde côtier, il considère en général trois types de milieux géographiques : les terres continentales, les plaines fluviales et les pays côtiers[47].

I.4. Critique d'herméneutique hégélienne du judaïsme

I.4.1. Arguments pour le judaïsme

I.4.1.1. Du judaïsme sort la religion chrétienne

Il est à savoir que parmi les religions qu'on peut enregistrer dans l'histoire il existe le judéo-christianisme, dans cette perspective on considère le christianisme comme développement du judaïsme[48]. Nous pouvons dans la même perspective reproduire notre expression dans le titre de cette dissertation en parlant du judaïsme comme « point de départ » de la religion chrétienne.

Dans la même perspective, notons que le judaïsme prépare la religion chrétienne, car entre *l'Ancien* et le *Nouveau Testament* il existe un prolongement qu'il s'agit d'une seule révélation que Dieu donne progressivement, selon son bon vouloir. La foi elle-même tant la juive que chrétienne est l'ouvrage mystérieux de Dieu. La théologie ne fait que le système, elle se comprend alors à l'intérieur du système, elle est relative à l'intelligence du croyant[49]. Dieu n'est pas présent dans les objets naturels qui sont considérés comme des apparences[50].

---

[46]ARI SIMHON, « Une " sombre énigme " ? Etude hégélienne » (2006) , disponible sur https://www.cairn.info/revue-archives-de-philosophie-2006-4-page-601.htm Consulté mercredi 7 avril 2021 à 13 :27.

[47] *Ibid.*

[48] Cf. G. VAN RIET, « Le problème de Dieu chez Hegel. Athéisme ou christianisme ? », *In* : *Revue Philosophique de Louvain,* Troisième série, Tome 63, Numéro 79, Louvain (1965), p.373.En effet, il existe d'espérance dans la morale du judaïsme. ANDRE, C-S., (dir), Dictionnaire philosophique, Paris, PUF, (2001), 2013, **p.**1785.

[49] Cf. G. VAN RIET, « Le problème de Dieu chez Hegel. Athéisme ou christianisme ? », p.374.

[50] *Ibid.*, p.378. A ce sujet, il est préférable de lire également G.W.F. HEGEL, *Esthétique*, Tome II, Paris, 1944, p. 87.

I.4.1.2. Le Judaïsme prône la crainte de Dieu

La crainte de Dieu est considérée dans la foi juive, qui attend tout de Dieu et de Dieu seul. Le juif croit à l'harmonie existante en Dieu entre la Puissance et la Sagesse. Si par lui-même le juif ne peut pas poser un acte, par Dieu il peut y arriver. S'il a renoncé à toute indépendance et à toute autonomie en privilégiant la crainte de Dieu, il retrouve sa singularité empirique dans l'assurance que lui offre sa foi[51]. Il sacrifie tout au profit de la crainte de Dieu considéré comme son seul protecteur.

Alors, de cette confiance en soi, basée, non pas sur la liberté propre comme chez les stoïciens, mais sur le privilège de l'élection divine, le peuple juif a maintes fois témoigné, en particulier par le mépris dans lequel il a tenu les « nations ». Il est esclave de Dieu ensuite il n'hésite pas, quand il en a l'occasion, d'être un dictateur pour les autres peuples[52].

I.4.2. Arguments contre le judaïsme

I.4.2.1. Le judaïsme n'est pas une religion vraie

En effet, si on porte l'attention de manière exclusive sur une seule religion, ce n'est pas en vertu d'un choix relative à une rationalité. Le christianisme précédé du judaïsme est considéré comme la seule religion vraie, car il est « révélé » par Dieu, dû à une initiative libre et gratuite de Dieu. [53] On considère dans cette perspective les autres religions comme des religions païennes, sont les œuvres humaines. Le judéo-christianisme n'est donc pas considéré comme la vraie religion répondant mieux aux aspirations de l'homme, mais comme la seule qui tient son origine de Dieu même[54].

En effet, les individus se laissent suivent apporter par leurs propres intérêts, il en est de même de leurs passions. A ce sujet Hegel souligne qu'il n'y a pas de plus grand-chose que monde qui se soit réalisée sans passion[55].

I.4.2.2. Le judaïsme est une religion inférieure

Hegel n'explique pas le judaïsme en théologien, mais en philosophe, il n'est pas surprenant de la place qu'il assigne à cette religion. Dans sa lecture c'est une religion « inférieure », sous certains aspects, comparativement à la religion grecque et à la religion romaine[56].

---

[51]Cf. G. VAN RIET, « Le problème de Dieu chez Hegel. Athéisme ou christianisme ? », p.379.
[52] *Ibid.*
[53] *Ibid.*, p.373.
[54] *Ibid.*
[55] Cf. J. D'HONDT, « La ruse de la raison », *In* : *Laval Théologique et Philosophique*, Volume 51, Numéro 2, (juin 1995), p.302. Lire à ce sujet aussi G.W.F. HEGEL, *La raison dans l'histoire*, (Trad. de K. PAPAOIANNOU), Paris, 1965, p. 102 et 108-109.
[56] Cf. G. VAN RIET, « Le problème de Dieu chez Hegel. Athéisme ou christianisme ? », p.378.

Néanmoins, c'est la religion de la sublimité, ou on n'y trouve la transcendance. En résumé, la foi juive de Dieu est celle de Seigneur ; les relations de Dieu et de l'homme sont considérées comme celles du Seigneur et du serviteur ou, selon une terminologie plus dure et qui aura un retentissement, celles du « Maître et de l'esclave »[57].

I.4.2.3. Dieu est un Dieu d'un peuple dans le judaïsme

Dans le judaïsme, Dieu n'est pas le Dieu de tous les hommes, il reste le Dieu d'Abraham, d'Isaac et de Jacob ; c'est dans cette perspective innée qu'on est intégré au peuple de Dieu. Ce réductionnisme de l'alliance est, pour Hegel, la chose étonnante qui soit dans l'histoire de l'humanité[58]. Ainsi, Hegel porte un jugement sur le peuple juif pour avoir réduit le judaïsme pour s'en asservir.

La conscience religieuse juive est une conscience servile, c'est-à-dire une conscience aliénée à l'élément vital. Le juif est un *servus,* un esclave, gracié, pour qui la vie est un don, une grâce qu'il ne mérite pas ; c'est par attachement à la vie qu'il accepte de la considérer comme un don étranger. C'est une controverse vivante, une conscience scindée, constituant une douleur et un malheur[59].

I.5. Conclusion

Nous voici achevé ce chapitre qui est le premier de notre dissertation. Il a été question dans ce chapitre de faire un essai sur la généralité de conception du judaïsme dans l'approche de Hegel, en procédant par l'explication de la nature juive et le judaïsme. Nous avons également présenté le monothéisme judaïque. Enfin nous avons tenté présenter les critiques sur les différentes conceptions hégéliennes du judaïsme en procédant par les arguments pour et contre.

Hegel porte attention pour l'étude de peuple juif et le judaïsme. Il écrit que les juifs ont été victime d'assujettissement, en suite ils ont tenté utiliser la religion judaïque dont ils sont propriétaire pour s'abriter aux contraintes externes. Bien qu'il en soit, Hegel reconnait que le judaïsme croit à un seul Dieu qui diffère du paganisme. Du judaïsme sort le christianisme et le judaïsme prône le monothéisme. Mais, Hegel écrit que le judaïsme n'est pas la meilleure religion et il est inférieur.

---

[57] Cf. G. VAN RIET, « Le problème de Dieu chez Hegel. Athéisme ou christianisme ? », p.378.
[58] *Ibid.*, p.379.
[59] *Ibid.*

Chapitre II. JUDAISME CHEZ FEUERBACH

II.1. Introduction

Il est question dans ce deuxième chapitre de parler d'abord de la généralité sur la conception de la religion judaïque. Ensuite le monothéisme judaïque dans l'approche feuerbachienne enfin de présenter les critiques d'herméneutique feuerbachienne en terme des deux arguments, il s'agit en premier lieu, d'un argument pour et en second un argument contre.

II.2. La généralité sur la conception

II.2.1. La religion chez Feuerbach

Feuerbach[60] écrit que la religion qui existe dans l'homme, innée doit être abandonné. La religion est l'ensemble des idées qui nous permet de reconnaitre et d'affirmer ce que nous sommes. Néanmoins, nous ne pouvons dans cette perspective exister dans les ténèbres[61]. En effet, même le judaïsme n'échappe pas dans cette perspective de conception feuerbachienne de la religion.

L'homme civilisé, qui est universel par intelligence, prône dans la réflexion feuerbachienne comme Divinité cette intelligence qu'il possède. Selon Feuerbach, on pourrait dire l'Egyptien n'est pas Egyptien à l'exil, l'Indien n'en est non plus à l'exil[62].A cet effet, pour comprendre une religion il est nécessaire d'expliquer.

La religion porte beaucoup de conceptions, Dieu est résumé de toutes réalités dans la réflexion feuerbachienne. Dieu n'est pas seulement amour, mais il est aussi le père, en fin il est le maitre. En pensant au Dieu nous ne pouvons penser qu'à un maitre ou un souverain. Pour Feuerbach, Dieu possède le *patria potestas* (Le pouvoir paternel)[63].

Feuerbach écrit la vérité selon laquelle seul le prêtre avait droit de voir le saint en Israël. Dans cette même perspective, il est à savoir que cinquante mille soixante-dix Béthsénites moururent pour avoir vu et touché par souffrance l'arche de l'Alliance[64]. Il existe des penseurs

---

[60] Né en 1804, Feuerbach Ludwig est un philosophe. Il a commencé par se destiner à la carrière de théologien. Il participe à Heidelberg pour l'enseignement des théologiens protestants rationalistes. Feuerbach est bien ce « ruisseau de feu » dont parlait Engels, qu'il fallut surmonter pour sortir définitivement de la pensée hégélienne mais qui demeure en mémoire comme une frontière sans véritable épaisseur entre Hegel et Marx, un Rubicon philosophique qui montre seulement la voie à la conquête des nouveaux continents théoriques. (I.GARO, « La représentation chez Feuerbach, Sensation, religion et philosophie », (2001), disponible sur https://www.cairn.info/revue-archives-de-philosophie-2001-4-page-669.htm Consulté mercredi 7 avril 2021 à 11 : 05.) . Pour le courant orthodoxe des disciples de Hegel, celui-ci a parlé du primat de réconciliation de la religion et philosophie. Cette thèse, dans le contexte prussien des années 1830-1840, acquiert un contenu et des enjeux politiques récents. Le mouvement des Jeunes hégéliens conteste que Hegel ait voulu opérer une telle réconciliation et fait de cette question le cheval de bataille d'une lutte contre l'absolutisme et l'alliance nouvelle du trône et de l'autel, notamment à partir du règne de Frédéric-Guillaume IV. Ce règne, qui débute en 1840, initie une réaction féodale puissante, décevant rapidement tous les espoirs de libéralisation par la jeune bourgeoisie prussienne. Feuerbach est mort en 1872. (*Ibid.*).

[61] L.FEUERBACH, *La religion*, (Trad. J. ROY), Paris,1864, p.85-86.

[62] *Ibid.*, p.86.

[63] *Ibid.*, p.163.

[64] *Ibid.*, p.164.

qui ont écrit pour prouver la transcendance de Dieu vis-à-vis d'autres législations. La loi divine est celle qui reste supérieur.

Les criminalistes chrétiens placent au-dessus du Code pénal Dieu, ils ont fait le péché à la Divinité le premier et le plus grand crime. Néanmoins, Dieu n'est pas un être humain, touchable, il existe contrairement à la foi, dans la raison. Les criminalistes modernes sont pour Feuerbach humanisés, ils soutiennent la réflexion selon laquelle Dieu ne pouvait être offensé dans sa gloire, qu'il n'existait aucune injure à son propos. Ils ont modifié le blasphème contre Dieu à une insulte contre Ses croyants[65].

Nous devons savoir aussi, que Feuerbach nous invite à croire à cette proposition du droit criminel qui stipule ceci : « [...] tout ce qui d'abord est placé à Dieu, se place avec le temps pour se replacer dans l'homme. ». Ce qu'on attribue à Dieu, en s'en attribuant indirectement, la croyance à Dieu tout puissant, c'est la croyance à une prière toute puissante aussi[66]. Ainsi, on ne peut pas s'opposer à Dieu si on désire vivre en sécurité car Dieu est un être qui est en soi, différent de l'homme qui est un pour soi.

De même, avoir un Dieu immortel, c'est avoir une vie immortelle. S'opposer à l'honneur de Dieu et s'en approprier, Feuerbach écrit que c'est s'opposer à notre propre dignité. Feuerbach justifie par le fait qu'un voleur ne peut ravir qu'une propriété étrangère, néanmoins le blasphémateur fait sortir le Dieu qu'on a au cœur. Il souligne que le blasphème est le plus horrible crime[67].

II.2.2. La conception de la religion judaïque de Feuerbach

Feuerbach pense que Israël est la définition historique de la nature partielle de la conscience religieuse, mais cette conscience reste aux limites des intérêts nationaux. Si on fait disparaitre les limites on a sans doute la religion chrétienne. Le judaïsme dans cette perspective est le christianisme mondain, le christianisme par contre se présente comme le judaïsme spirituel. La religion chrétienne est chez Feuerbach une religion des juives purifiées de l'égoïsme de nation[68].

Israël n'a cessé de porter les désirs à la loi universelle, de même de diviniser la vengeance politique. Le juif en restant égoïste, s'est rendu selon Feuerbach proche de bonheur terrestre considéré comme un but de religion[69]. En effet, de la sortie du judaïsme nous pouvons

[65]L.FEUERBACH, *La religion*, p.167.

[66] *Ibid.*, p.168.

[67] *Ibid.*

[68] L. FEUERBACH, *Essence du christianisme*, (Trad. J.ROY), Paris,1864, p.151.

[69] *Ibid.*, p.151-152. Hannah Arendt pense à ce sujet que les juifs vivaient en crainte car : « [...] avait toutes raisons de craindre d'être complétement éliminé. ». H. ARENDT, L'impérialisme. Les origines du totalitarisme, (Trad. M. LEIRIS et H. FRAPPAT), Fayard, (1982), 2002, p.328. Or, la fin de la vie d'un saint est le salut. C'est par

tenter de dire, qu'elle était un salut pour d'autre peuple. Pris en otage sous forme de foi religieuse, certains peuples semblé être assujetti par les juifs.

II.3. Le monothéisme judaïque dans l'approche feuerbachienne

Ludwig Feuerbach a parfaitement compris la nature de la religion monothéiste, pour lui, celle-ci exprime la guerre à la nature réalisée par l'humanité qui commence à prendre conscience d'elle-même et a fait d'un fétiche sa propre existence. Néanmoins, Ludwig Feuerbach s'égare en opposant le monothéisme au paganisme : le paganisme n'est qu'un agglomérat de différents monothéismes locaux encore non développés. L'opposé de la religion où prédomine le Dieu « masculin », dominateur, ennemi de la nature, c'est bien entendu le matriarcat et son culte de la vie. Il n'en reste pas moins que son appréhension de la religion, dans le rapport à la nature qui s'exprime à travers elle, est ici non ténébreuse[70].En effet, l'idée de création existe dans le judaïsme, à cet effet, les juifs se préoccupent également par l'idée de création.

D'ailleurs, la doctrine de la création a sa racine dans le Judaïsme ; elle est même la doctrine de référence, la doctrine fondamentale de la religion juive. Le principe qui lui est initial n'est pourtant pas tant celui de la subjectivité que celui d'égoïsme. Dans son sens caractéristique la doctrine de la création ne prend naissance que là où l'être humain soumet pratiquement la nature uniquement à sa volonté et à ses besoins, et par suite dans son état de représentation la réduit à l'état de pur et simple matière d'œuvre, à l'état de produit de la volonté[71].

Maintenant, son existence lui est montré, puisqu'il l'explique et en fait herméneutique en dehors d'elle-même, il le démontre dans son esprit. La question : d'où vient la nature ou l'univers ? présuppose proprement que l'on s'étonne sur son existence, ou que l'on se demande : pourquoi est-il ? Mais cet étonnement et cette question ne naissent que là où l'être humain s'est déjà séparé de la nature pour la réduire à un simple objet de la volonté[72].

Dans cette perspective, nous pouvons affirmer volontiers que le judaïsme également, est au service d'un évangile contre le paganisme. Nous pouvons comprendre entraver cette conception feuerbachienne dont nous nous sommes servi, non seulement pour la compréhension des origines des certaines religions mais aussi son optimalité religieuse.

---

cette raison qu'il est obligé de faire la gloire de Dieu au monde. M.WEBER, L'éthique protestante et l'esprit du capitalisme, (Trad. J. CHAVY), Paris,1964, p.145.

[70] Cf. L. FEUERBACH « La période que représente la religion pour l'humanité », disponible sur https://materialisme-dialectique.com/feuerbach-sur-la-periode-que-represente-la-religion-pour-lhumanite/ mercredi 7 avril 2021 à 11 :44.

[71] *Ibid.*

[72] *Ibid.*

Il est à savoir dans la beauté du monde, les païens ne s'élèvent pas au concept du créateur. La nature se présente comme but d'elle-même à celui pour lequel elle est un être doué de beauté ; pour lui elle possède le fondement de son existence en elle-même, sans faire naître chez lui la question : pourquoi existe-t-elle ? Le terme de la nature et de la divinité ne se sépare pas dans sa conscience de son intuition du monde. Telle qu'elle tombe sous ses sens, la nature est effectivement produite. Néanmoins, elle n'est pas créée, au sens propre, au sens de la religion, elle n'est pas un produit arbitraire, elle n'est pas fabriquée[73].En effet, dans la conception juive , l'être créé n'est pas non pur.

Dans cette perspective l'être-né n'exprime rien de mauvais ; en soi la naissance ne comporte pour lui rien d'impur, de non-divin ; il pense qu'il est né comme le sont ses dieux. Pour lui la première force est celle qui crée : c'est pourquoi comme fondement de la nature il pose une force de la nature une force présente qui se manifeste à son intuition sensible comme fondement des choses. En effet, c'est dans cette réflexion que pense l'homme, là où il est avec le monde dans un rapport esthétique ou théorétique. Cela s'explique par l'intuition théorétique qui est originairement esthétique, l'esthétique constituant la supériorité philosophique là où le concept du monde est pour lui le concept du cosmos, de la souveraineté, de la divinité[74].

II.4. Critique d'herméneutique feuerbachienne du judaïsme

II.4.1. Argument pour le judaïsme

Feuerbach note qu'il y'a eu beaucoup d'héritage chrétiens qui ont une source dans le judaïsme. Nous avons dans cette perspective trouver l'idée de création de l'univers par un Dieu[75]. En effet ; une conception selon laquelle l'univers a été créé est une arme qu'on pourrait utiliser pour éviter l'Athéisme.

Il en est de même avec le néopaganisme. Il est inadmissible de croire en notre siècle aujourd'hui en plusieurs dieux, face aux multiplication des croyances, nous devons toute foi éviter le retour au monde ancien. Nous pouvons grâce à un Evangile, affirmant l'être transcendant et son pouvoir de création y arriver.

II.4.2. Argument contre le judaïsme

Pour Feuerbach se sont les juifs eux-mêmes qui ont détruit le judaïsme. Cela s'explique par des raisons politiques. Après l'assujettissement et souffrances des peuples juifs, ces derniers

[73]Cf. L. FEUERBACH « La période que représente la religion pour l'humanité », disponible sur https://materialisme-dialectique.com/feuerbach-sur-la-periode-que-represente-la-religion-pour-lhumanite/ mercredi 7 avril 2021 à 11 :44.

[74]*Ibid.*

[75] *Ibid.*

ont pris le judaïsme comme un moyen pour imposer leur pouvoir et non la transcendance de Dieu[76].

Dans l'argumentation feuerbachienne, Feuerbach ne s'attaque pas au judaïsme, néanmoins aux juifs. Pour le philosophe il n'existe pas beaucoup de raison dans le judaïsme pour l'inadmissibilité de celui-ci, mais il est question de peuple juifs. Les juifs n'ont pas pu maitriser leur colère .

II.5. Conclusion

Ce deuxième chapitre a fait un essai sur la généralité de la conception feuerbachienne de la religion, le monothéisme judaïque chez Feuerbach enfin les critiques d'interprétation feuerbachienne du judaïsme en terme de deux arguments : pour et contre

La foi religieuse n'a pas échappé à l'étude de Feuerbach. A cet effet, il pense que croire à Dieu c'est se faire une protection transcendantale. Le judaïsme croit à un Dieu selon Feuerbach. Et du judaïsme sort également le christianisme. Mais les juifs ont changé le vrai sens du judaïsme en utilisant celui-ci pour leurs propres intérêts.

---

[76] L. FEUERBACH, *Essence du christianisme*, p.151.

Chapitre III. COMPARAISON ENTRE LES CONCEPTIONS JUDAIQUES CHEZ FEUERBACH ET HEGEL

III.1. Introduction

Ce troisième chapitre fait une comparaison entre deux approches judaïques, il s'agit d'approche feuerbachienne et hégélienne. Nous procédons en terme d'identité et différence. L'essai porte sur le rapprochement et l'éloignement de ces deux philosophes.

III.2. Identité entre Feuerbach et Hegel

III.2.1. Pour Feuerbach et Hegel, le judaïsme est une énigme

III.2.1.1. Judaïsme : énigme chez Hegel

Le judaïsme est une sombre énigme pour Hegel. Il est à savoir que cette appellation inaugurale de « sombre énigme » concernant le rapport de Hegel au judaïsme, qui était de nature à provoquer la sagacité des commentateurs qui ont cherché à jeter sur elle un peu de lumière. D'abord, nous devons reconnaitre que la sévérité du jugement de Hegel à l'égard de la religion juive touche également certaines religions, non seulement de l'Orient et de l'Antiquité, mais aussi du monde moderne, ainsi le catholicisme souvent violemment pris à parti, le luthéranisme lui-même dont se réclame Hegel échappant certes dans les œuvres de la période de maturité à la sévérité, néanmoins non à la critique[77].

Hegel pense que parmi les origines du préjugé ; se trouve omis la religion en tant que telle, et non telle ou telle religion, qui, pour l'initiateur du système, doit être vue philosophiquement comme déficiente , bien qu'appartenant comme cette dernière à la sphère de l'Esprit absolu; de plus, se trouve occulté que certaines formules citées, dont la signification immédiate est apparemment voisine, ont en réalité un sens philosophique radicalement différent en tant qu'elles ne sont pas inscrites en un même contexte philosophique[78].

Dans cette perspective, se trouve manqué, d'une façon générale, la signification de l'attitude dialectique dans ce qu'elle a de propre et, en particulier sa capacité de justifier ce qui fait objet de critique, de lien positif et négatif. La Gnose marcionienne, déliant le christianisme du judaïsme, a mis en extension un discours antijudaïque très dur, opposant le Dieu juif, *Deus terribilis* (Dieu de terreur, colère), au Dieu amour. Hegel refuse explicitement cette Gnose dans les œuvres de la maturité, néanmoins, dans celles de jeunesse[79].

III.2.1.1. Judaïsme : énigme chez Feuerbach

Feuerbach reconnait le caractère énigmatique du judaïsme. A cet effet, il pense que le peuple juif doit faire une rétrospective pour s'interroger des péchés qu'il a pu commettre. La

[77] Cf. ARI SIMHON, « Une " sombre énigme " ? Etude hégélienne » (2006) , disponible sur https://www.cairn.info/revue-archives-de-philosophie-2006-4-page-601.htm Consulté mercredi 7 avril 2021 à 13 :27.

[78] *Ibid.*

[79] *Ibid.*

volonté de Dieu devient non saisissable à l'homme et défie sa logique ; Dieu a tant des raisons dans cette perspective d'appartenir au monde, non accessible à l'intelligence de l'être humain[80].

La réflexion feuerbachienne sur le judaïsme nous donne l'impression de considération que portait Feuerbach à la religion juive. Bien qu'il reconnaisse l'énigme dans celle-ci, il n'hésiter pas d'en faire également l'éloge.

III.2.2. Le judaïsme : une religion monothéiste chez Hegel et Feuerbach

Il est à savoir que le judaïsme est une religion qui effectue la rupture monothéiste, qui est la scission entre deux sphères : humaine et divine. Le peuple juif est un obligé, assujetti sous le pouvoir étranger de l'empire. Au moment de révolution contre la tyrannie de l'empire et contre les dieux, le peuple juif donnera une religion pour s'opposer au pouvoir du temps qui s'affirme comme unique possibilité. Faible, le peuple juif pourra alors éviter dans cette perspective les oppresseurs en soif de les anéantir[81].

Il en est de même avec Hegel, le judaïsme est une religion monothéiste. En effet, il existe des raisons pour rapprocher l'approche hégélienne et feuerbachienne. Mais, ce qui nous intéresse est le fait qu'une telle conception est l'arme pour combattre le néopaganisme (retour au paganisme ancien, caractérisé par le polythéisme et plusieurs pratiques hérétiques.).

III.3. Différence entre la conception feuerbachienne et hégélienne

Feuerbach n'a pas hésité à faire des critiques à l'idéalisme allemand. Dans cette perspective, Hegel fait également objet de critique. Il critique chez Hegel la spéculation hégélienne qui est en contradiction avec l'esprit du judaïsme. Le judaïsme s'abstient à toute abstraction vaine[82].

En effet ; nous avons également dans la lecture des textes sur le judaïsme, tant dans le livre que sur les pages consultées d'internet, constater la vérité selon laquelle on interprète les figures religieuses comme une vérité. Si elles paraissent comme spéculation dons elles sont exceptionnellement des spéculations réelles.

III.4. Conclusion

Ce troisième chapitre offert pour la comparaison de Feuerbach et Hegel sur la conception judaïque est achevé. Nous avons commencé par présenter l'identité entre Feuerbach et Hegel, et nous avons terminé par la différence qui existe entre les deux dans la même perspective.

---

[80] M-C. PEPIN ; *La thèse de la sortie de la religion chez Marcel Gauchet en perspective : Feuerbach, Freud, Nietzsche* ; Mémoire de Maitrise en Philosophie ; Université de Québec ; Aout 2007, p. 73.

[81] *Ibid.*, p. 71.

[82] Cf. A. DURAND, « Feuerbach lecteur de Fichte » *In* : *Philosorbonne*, 3, Sorbonne 2009, p.39.

Pour Feuerbach et Hegel, le judaïsme porte d'énigme. Néanmoins ils reconnaissent le monothéisme judaïque qui marque une différence avec le paganisme. Il se diffèrent sur la conception générale de la religion. Ainsi, apparait l'idée d'aliénation dont Hegel est victime d'accusation par Feuerbach.

SECONDE PARTIE : SENS FEUERBACHIEN ET HEGELIEN DU CHRISTIANISME.

La seconde partie expose le sens feuerbachien et hégélien du christianisme en faisant l'analyse et critique. Le quatrième chapitre parle du christianisme chez Hegel. Il est question dans ce chapitre d'exposer la conception générale du christianisme suivant la perspective hégélienne. Ensuite, l'idée de monothéisme dans la religion chrétienne. Dans la même perspective, nous expliquons l'incarnation considérée comme l'essentiel de la religion christianisée chez Hegel. En fin, il critique l'interprétation hégélienne du christianisme. Le cinquième chapitre nous fournit des explications sur le christianisme chez Feuerbach. Nous débutons par la conception générale de l'approche feuerbachienne. Ensuite, le monothéisme chrétien chez Feuerbach et sa représentation de Jésus. En fin, il s'agit de donner la critique d'interprétation feuerbachienne du judaïsme. Le dernier chapitre s'intitule : la relation entre le sens feuerbachien et hégélien du christianisme. Il tente de donner l'identité et différence entre l'approche feuerbachienne et hégélienne.

Hegel fait étude de la religion chrétienne, il en est de même avec Feuerbach. Dans cette même perspective nous sommes appelé à savoir qu'il existe les points de ressemblances entre Hegel et Feuerbach relativement à la conception du christianisme. Les points qui marquent la différence sont aussi inclus.

Chapitre IV. CHRISTIANISME CHEZ HEGEL

IV.1. Introduction

Ce quatrième chapitre explique la généralité sur le christianisme dans l'approche hégélienne, le monothéisme dans la religion christianisée en fait l'essai sur les critiques hégéliennes du christianisme, en prenant pour modèle les arguments pour et contre.

IV.2. La généralité sur la conception

Il est à savoir que Hegel nous fait savoir une manière d'avoir les révélations de Dieu, cette façon de faire a suffisamment influencé l'époque ancienne jusqu'au temps des romains. La cessation de cette pratique à l'époque romaine est justifié par la manière antinaturelle prôna le miracle comme manifestation de Dieu. Dans cette même perspective de séparation de Dieu de la nature, Hegel écrit que Dieu s'était manifesté à travers le Christ. Il se fit savoir dans cette perspective comme le réconciliateur et rédempteur[83].

L'assujettissement des peuple juifs (européens) chez Hegel est précédé par le fait que le judaïsme n'est pas seulement une religion d'idéal négatif, mais également comme une religion qui ne se soucie d'aucune réalité. Les textes hégéliens ne cessent de reprendre les courants d'antisémitismes, référant le judaïsme à un idéal humain négatif qui est à décourager[84].

En tant que témoins de Dieu, le peuple d'Israël écrit Hegel a été séparé parmi le peuple de la mer rouge jusqu'au Sinaï. La persécution organisée par Hitler avait pour buts l'extermination des juifs comme peuple. La présence de Dieu est une présence pour le peuple d'Israël. La réflexion chrétienne de transcender la foi dans l'histoire par la rédemption est inacceptable dans la foi juive[85].

Il y'a déjà plusieurs décennies que la foi juive fait appelle à la réflexion philosophique pour son herméneutique. Le judaïsme à l'époque moderne se trouvait coexister avec une philosophie chrétienne. Avec cette supériorité accordée à la religion chrétienne, c'était normal de voire les idéalistes allemands faire plusieurs corrections au judaïsme[86]. Aujourd'hui la conception qu'on peut faire de judaïsme n'est pas le même que dans le temps.

D'ailleurs la compréhension que les juifs eux-mêmes doivent faire aujourd'hui doit être au profit de l'humanité. On trouve dans l'interprétation hégélienne l'idée de conciliation de

---

[83] Cf. O. POEGGELER et P. GARNIRON, « L'interprétation hégélienne du Judaïsme », p.192.

[84] *Ibid.*, p.193. En effet, Nietzsche dans *Zarathoustra* disait au chapitre mille et un but que tous les peuple vise des buts qui leurs sont propres. C'est dans cette perspective que les Grecs cherche la sagesse et philosophent mais les Juifs se lassent dans la croyance. Néanmoins aujourd'hui tous peuple doit se faire un but qui est coordonnée par la civilisation mondiale. Strauss synthétise la réflexion en cherchant à savoir une possibilité dans la conciliation d'Athènes et de Jérusalem. Cette réflexion était aussi celle de sa propre biographie. *Ibid.*, p.193-194.

[85] *Ibid.*, p.194-195.

[86] *Ibid.*, p.195-196.

coutumes juives et les réflexions qu'on peut se faire d'eux. Hegel parmi tant des philosophes est le seul à suffisamment s'efforcer pour interpréter le judaïsme[87].

L'expression d'*Ancien Testament* reconnait-elle les textes judaïques ? En effet, il est à savoir que la coexistence du Judaïsme et Christianisme dans les pays chrétiens n'était pas en faveur des juifs, ils étaient persécutés[88]. A ce qui concerne la religion morale, la conception de morale chez Hegel n'est pas en opposition avec le judaïsme et le christianisme. Mais il cherche plutôt la religion belle comme une religion de l'avenir qui une foi était réalisés par les Grecs[89].

Dans cette même perspective Hegel pense que la religion chrétienne est la religion belle dont la justification se trouve dans son origine. Le christianisme fuit le monde et reste apolitique enfin sa forme traditionnelle fait de lui une religion d'avenir. Et le judaïsme ne reconnait que la négativité. Hegel considère l'idéal négative comme mauvaise conception qui réside dans le peuple juif[90]. Avec Hegel nous avons possibilité de comprendre pas seulement le judaïsme mais aussi le fondement de la religion chrétienne.

La compréhension du christianisme est relative à la chute qui se produisit dans l'Antiquité pense Hegel. [91] Pour Hegel la *Philosophie du droit* explique la relation entre le judaïsme et le christianisme. Elle considère l'ère chrétienne comme empire germanique et le judaïsme correspond au romano-germanique considéré comme douleur de la naissance du christianisme[92]. Hegel compare également le christianisme avec d'autre religions et les situent.

La réflexion hégélienne nous fait comprendre la position des certaines religions qui place le Dieu dans les objets. A ce qui concerne le christianisme il pense que la religion chrétienne est dans cette perspective la vraie religion, la religion absolue[93]. Les religions naturelles sont placées au premier degré. Nous avons parmi ces religions : les religions africaines ainsi que de l'Extrême et Proche-Orient. Au deuxième degré il existe deux religions qui sont : la religion grecque et juive. Le troisième degré est considéré comme médiateur prenant en son sein la religion romaine. Ainsi, la synthèse de toute ces religions nous donnent la religion absolue[94].Hegel écrit que la philosophie et le christianisme s'étaient rependis sous les empereurs romains de l'époque[95] .

---

[87] Cf. O. POEGGELER et P. GARNIRON, « L'interprétation hégélienne du Judaïsme », 96-197.
[88] *Ibid.*, p.198. Dans la réflexion luthérienne *l'Ancien Testament* n'a pas octroyé la signification qu'elle a eue dans le temps précisément la tradition réformée anglo-saxonne. (*Ibid.*).
[89] *Ibid.*, p.210.
[90] *Ibid.*, p.210-211.
[91] *Ibid.*, p.218.
[92] *Ibid.*, p.220-221.
[93] *Ibid.* p.221.
[94] *Ibid.*, p.222.
[95] G.W.F. HEGEL, *Leçons sur l'histoire de la philosophie*, (Trad. J. GIBELIN), Paris, Gallimard,1954 p.56.

Quel que soit la manière dont le christianisme se rependît, Hegel reconnait le vrai dans la religion chrétienne. Dans le christianisme Dieu se manifeste en chair, sous forme humaine. Il a vécu avec les hommes. Telle doit être d'ailleurs l'interprétation qu'on peut faire de texte hégélien qui dit ceci :

> Cette existence réelle de Dieu en chair et en esprit, le christianisme, pour la première fois, l'a montrée dans la vie et les actions d'un Dieu présent parmi les hommes. Ce passage ne peut donc s'accomplir dans le domaine de l'art, parce que le Dieu de la religion révélée est le Dieu réel et vivant. Comparés à lui, ses adversaires n'ont été que des êtres imaginaires, qui ne peuvent être pris au sérieux et se rencontrer avec lui sur le terrain de l'histoire. L'opposition et le combat ne peuvent donc offrir le caractère d'une lutte sérieuse et être représentés comme tels par l'art ou la poésie. Aussi, toutes les fois que l'on a essayé de faire de ce sujet, chez les modernes, un thème poétique, on l'a fait d'une manière frivole et impie, […] comme plus favorables à l'art et à la poésie que la croyance chrétienne, à qui l'on accorde une plus haute vérité morale, mais en la regardant comme inférieure au point de vue de l'art et du beau. [96].

Il est à savoir aussi si l'homme quitte l'état de sanctification intérieure et la vie contemplative, il tourne sur lui-même sa réflexion, et cherche une existence plus en harmonie avec les désirs de sa nature actuelle ; en un mot, il laisse la vie religieuse pour la vie mondaine. Hegel à ce sujet rapporte la Parole en disant : « Tu laisseras ton père et ta mère pour me suivre. ». Dans la même perspective, il est à signaler ceci :« Le frère haïra son frère. Ils vous persécuteront et vous mettront en croix, […]. »[97].

Néanmoins, si le règne de Dieu trouve place dans le monde, s'il peut s'introduire dans les intérêts de la vie actuelle, et, par-là, les réhabiliter ; si le père, la mère, les frères, se concertent à une union parfaite, alors le monde commence à réclamer ses droits. Dès qu'il les a conquis, la religion cesse d'être hostile à la vie temporelle ; l'homme tourne dans cette perspective ses regards autour de lui, et cherche un théâtre pour le développement de ses tendances naturelles[98]. En effet, il existe également la transformation de la personne humaine dans la foi religieuse.

Le principe fondamental en lui-même n'est pas modifié : c'est toujours l'âme et sa personnalité ; néanmoins elle se tourne vers une autre sphère. Cette concentration profonde, qui s'est présenté précédemment dans le cercle religieux, se reporte avec son caractère infini sur la transformation de la personnalité humaine, considérée en elle-même et pour elle-même[99].La mort du Christ pour Hegel est la mort du salut, apportant à l'humanité l'occasion de se réconcilier de sa nature pécheresse . On le sait :

---

[96] G.W.F. HEGEL, *Esthétique*, p.115.
[97] *Ibid.* p.189.
[98] *Ibid.*
[99] *Ibid.*

La mort du Christ est d'une part la mort d'un homme, d'un ami qui a été tué par violence; mais appréhendée spirituellement, c'est cette mort même qui devient le salut, le centre de la réconciliation. Avoir l'intuition de la nature de l'esprit et de la satisfaction de son besoin de façon sensible est alors une perspective qui n'a été ouverte à ses amis qu'après la mort du Christ. L'ouverture véritable à cette intuition leur a été donnée par l'Esprit, dont le Christ avait dit qu'il les guiderait en toute vérité : ce en quoi l'Esprit vous guidera, voulait-il dire par là, cela seulement sera la vérité. La mort du Christ se définit ainsi, sous cet aspect, comme la mort qui constitue la transition à la gloire, à la glorification, laquelle d'ailleurs n'est que le rétablissement de la gloire originelle. La mort, le négatif est l'élément médiateur permettant à la grandeur originelle d'être posée comme atteinte. Par-là, l'histoire de la résurrection et de l'élévation du Christ à la droite de Dieu commence là où l'histoire acquiert une interprétation spirituelle. C'est alors que la petite communauté a acquis la certitude : Dieu est apparu comme homme. Mais cette humanité en Dieu, et certes la modalité la plus abstraite de l'humanité, la suprême dépendance, la dernière faiblesse, le dernier degré de la fragilité, est la mort naturelle. "Dieu lui-même est mort ", est-il dit dans un chant luthérien ; par-là se trouve exprimée la conscience que l'humain, le fini, le fragile, la faiblesse, le négatif sont eux-mêmes un moment divin, que cela est en Dieu même, que la finitude, le négatif, l'être-autre ne sont pas en dehors de Dieu et, en tant qu'être-autre, n'empêchent pas l'unité avec Dieu. L'être-autre, le négatif est su en tant que moment de la nature divine elle-même. L'idée suprême de l'esprit est[...] [100].

IV.3. Le monothéisme chrétien chez Hegel

Dans le Dieu de force le paganisme est très éloigné souligne Hegel. Les païens ne savent pas l'essence de la religion, c'est pourquoi ils appellent leur Jehova Jupiter ou Brahma[101]. En effet, le principe de Dieu unique a influencé les juifs, cette rencontre donna ainsi naissance à la foi chrétienne. Dans la même perspective ce départ du judaïsme au christianisme est justifié par la réflexion selon laquelle Dieu n'était plus pour un peuple mais pour tous[102].

---

[100]G.W.F. HEGEL, *Leçons sur la philosophie de la religion*, Troisième partie (Trad. P. GARNIRON), Paris, PUF,2004, p. 241.

[101]Cf. O. POEGGELER et P. GARNIRON, « L'interprétation hégélienne du Judaïsme », p.203.

[102] *Ibid.*, p.220. Pour Auguste Comte, les spéculations de l'histoire ne datent jamais, chez les modernes, au-delà des temps du paganisme, l'esprit métaphysique doit y sembler à peu près aussi ancien que l'esprit théologique puisqu'il est essentiellement présidé. Quoique d'une manière implicite, à la transformation première du fétichisme au paganisme, afin de suppléer déjà à l'activité purement surnaturelle qui, ainsi directement retirée à chaque corps particulier, y devait spontanément abandonner quelque entité correspondante. (A. COMTE, *Discours sur l'esprit positif*, Québec à Chicoutimi, (1842) ,18 février 2002, p.10.) Toutefois, comme cette première révolution théologique n'a pu alors donner lieu à aucune réel controverse, l'intervention continue de l'esprit ontologique n'a débuter à devenir pleinement caractéristique que dans la révolution suivante, pour la réduction du paganisme en monothéisme, dont il a dû être l'organe inné. Son pouvoir croissant devait d'abord paraître organique, tant qu'il restait tourner à l'impulsion théologique mais sa nature essentiellement dissolvante a dû ensuite se manifester de plus en plus. Quand il a osé de manière graduelle de pousser la simplification de la théologie au-delà même du monothéisme vulgaire, qui faisait, de toute nécessité, l'extrême phase vraiment possible de la philosophie initiale. (*Ibid.*) C'est ainsi que, pendant les cinq derniers siècles, la réflexion métaphysique a secondé négativement le progrès fondamental de notre civilisation moderne, en décomposant peu à peu le système théologique, devenu finalement rétrograde, depuis que la force sociale du régime monothéique se trouvait essentiellement utilisé, à la fin du moyen âge. Désolé, après avoir accompli, en chaque genre, cet office indispensable mais passager, l'action trop prolongée des conceptions ontologiques a mis fin aux autres réelles organisations du système spéculatif. (*Ibid.*) Dans cette perspective, le plus dangereux obstacle à l'installation finale d'une vraie philosophie résulte, en effet, aujourd'hui de ce même esprit qui souvent se donne privilège presque exclusif des méditations philosophiques. (*Ibid.*). Dans la même perspective il est à savoir que les siècles avant au moment où le progrès scientifique permît d'apprécier directement la controverse radicale, la transition métaphysique avait essayé, de réduire dans le monothéisme, l'ascendant de la théologie. Cet essor scientifique avait procédé en faisant prévaloir la célèbre doctrine scolastique. Ladite doctrine assujettit l'action effective du moteur suprême à des lois invariables, qu'il aurait primitivement établies en s'interdisant de ne jamais les changer. (A. COMTE, *Discours sur l'esprit*

Pour assoir son idée de monothéisme dans le christianisme Hegel soutien les réflexions tel que le monde naturel et le monde spirituel, dans le processus dialectique du fini et de l'infini, se trouvent tous les deux dans la possibilité d'accomplir le religieux. Bien qu'il parle du Dieu transcendant et du Dieu mort en fin le Dieu-homme. La dialectique permet de ne plus concevoir le monde naturel comme objet étranger et le monde subjectif comme spirituel. Ces deux mondes sont dans la rencontre que l'esprit les propose bien qu'ils soient en deux[103]. Dans le monothéisme chrétien on va à la conception que la manifestation de Dieu par Christ n'est qu'une incarnation en réalité ils ne font qu'un.

Dans cette perspective nous constatons que l'idée de l'incarnation de Dieu, va jusqu'à avancer que c'est l'émotion entre les désirs du jeune Hegel inspirées de Lumières et son luthéranisme natif qui organise le problème fondamental de la philosophie hégélienne[104].

En effet, il est à savoir, que les leçons sur *La religion absolue* qui est la religion chrétienne, sont écrites du point de vue de la pensée de l'Absolu révélé lui-même, qui présente

---

positif, p.23.). Néanmoins cette sorte de transaction spontanée entre le principe théologique et le principe positif ne comportait qu'une existence passagère, propre à faciliter davantage le déclin continu de l'un et le triomphe. Son empire était même essentiellement borné aux esprits instruits ; car, tant que la foi subsista réellement, l'instinct populaire dut toujours repousser avec énergie une réflexion qui, au fond, tendait à annuler le pouvoir providentiel, en le condamnant à une sublime inertie. Laissant dans cette perspective toute l'activité habituelle à la grande entité métaphysique. (*Ibid.*). La nature étant ainsi régulièrement associée au gouvernement universel, auquel devaient se faire des plaintes et des vœux. On voit que, sous tous les aspects essentiels, cette conception semble se conformer beaucoup à celle que la situation moderne a fait de plus en plus prévaloir au sujet de la royauté des lois. La doctrine de la controverse, qui ruine l'efficacité sociale du principe théologique, sans consacrer l'ascendant fondamental du principe positif, ne saurait correspondre à aucun état réfléchi et durable : elle constitue seulement le plus puissant des moyens de transition. (*Ibid.*). Puis qu'il agit d'une interprétation philosophique du judaïsme et christianisme, la principale différence philosophique réside dans l'esprit antihistorique qu'exigeait l'ébranlement initial. Dans cet esprit où l'humanité, pour sortir énergiquement du régime ancien, devait être inspiré d'une haine aveugle envers ce qui est passé tandis que désormais l'esprit dominant doit, au contraire, devenir historique, soit pour rendre au passé une justice indispensable à notre entière émancipation, soit pour fonder notre destin sur sa seule base solide, en le liant toujours à l'ensemble de l'évolution humaine, appréciée par une théorie qui n'eût été, au début de la révolution, ni possible ni opportune.(*Ibid.*,p.65.). Auguste Comte souligne que la Société Positiviste se propose de faire graduellement prévaloir les principes d'une nouvelle science, en les appliquant avec opportunité au cours naturel des faits, soit pour apprécier les faits accomplis et les mesures adoptées, soit surtout signaler les désirs réels et indiquer des meilleurs Moyens de les régulariser. Quoiqu'elle doive se consacrer surtout aux questions amenées par la situation générale et sur lesquelles l'attention de masse se fixe d'elle-même, elle se réserve aussi d'introduire quelquefois des sujets de controverse. Ces discussions seraient l'ordre si elles éclaircissent les débats. En résumé, elle a pour but général de faciliter l'avenu du nouveau pouvoir spirituel que le positivisme représente comme seul Propre à finir la révolution, par la fondation directe du régime final vers lequel tend aujourd'hui l'optimisme de l'humanité. A cet effet, elle appliquera la doctrine fondamentale. (*Ibid.*, p.61.). Dans cette perspective le positiviste Comte pense à l'avènement d'une religion universelle, que l'occident et l'Orient sont en quête depuis des décennies. A. COMTE, Catéchisme positif, Québec à Chicoutimi, 18 février 2002, p.190. En fin, il ne faut pas également oublier le développement historique de la notion que Comte possédait qui ne différait pas beaucoup de celle que les vulgaires se font. A. COMTE, Cours de philosophie positive, Paris, Librairie Larousse, janvier 1936, p. 84.

[103] Cf. F. DARWICH, « Hegel et Heidegger : vers l'autre Dieu », *In* : *Klessis-Revue Philosophique*, 15, (2010), p.83.

[104] Cf. D. GARY BADCOCK, « Hegel, le luthérianisme et la théologie contemporaine », *In* : *Klessis-Revue Philosophique*, (Octobre 2007) p.51. Lire aussi K. BARTH, Protestant Theology in the Nineteenth Century (La théologie protestante au dix-neuvième siècle, Genève, 1969), London, 1972 et D. GARY BADCOCK, « Divine Freedom in Hegel », *in* Irish *Theological Quarterly*, 61, (1995), pp. 265-271.

l'histoire divine, l'histoire de la manifestation de Dieu[105]. Il existe le règne du Père, du Fils et du Saint Esprit dans la conception hégélienne. En faisant l'herméneutique de ces trois règnes nous constatons que ces trois ne font qu'un c'est ce qui explique d'ailleurs l'idée de trinité[106].

En effet l'idée de l'incarnation de Dieu en un homme absolument singulier, est un acte de l'amour pour le monde dans le système hégélien. Il va révéler, rendre manifeste jusque pour la conscience naturelle. La nature et l'esprit fini ne sont pas par essence étrangers à Dieu dans cette même perspective, car l'homme est destiné à la vie infinie en étant accueilli en Dieu[107].

Dans le christianisme ce qui est considéré comme objet de révélation n'est pas nécessairement dans le livre ou Livre[108]. Dans la même perspective pour comprendre la différence entre la foi religieuse et les différentes rationalités, nous pouvons tenter de dire que la révélation est une question de foi et non la raison.

Le Christ crée la communauté chrétienne fondée sur l'*agapè*, qui n'est pas uniquement le « *amor intellectualis Dei* », (amour spirituel à Dieu), mais l'amour pour entrer à l'infinie respiration de l'Absolu. Cet amour a pour mission d'établir une réconciliation en Christ pour ses contemporains qui devient après sa résurrection Esprit-Saint pendant la Pentecôte[109].La mort du Christ n'est pas interprété dans le christianisme comme un simple phénomène humain mais un procès théologico-politique, c'est d'ailleurs ce qui caractérise la dimension de cette mort[110].

Dans la même perspective, l'expression « Dieu est mort » est une pensée terrible qui parle de l'abîme le plus profond de la scission, en Dieu lui-même. La mort de Jésus sépare Dieu de Dieu. Nous avons dans cette perspective l'unité spirituelle des personnes d'où la mort du Fils sur la croix fait un abîme immense en Dieu, que lui seul peut endurer, connaître et sortir victorieux. Hegel trouve que le Dieu chrétien n'est pas exempté du passage à l'humiliation de la souffrance et même la mort, et il n'est pas affranchi de cette douleur de l'âme au sein de laquelle il ne peut s'empêcher de crier : « Mon Dieu, mon Dieu, pourquoi m'as-tu abandonné ? » ; sa mère subit le même calvaire[111]. En effet, Christ a transcendé le fini.

---

[105] Cf. P. SOUAL, « Amour et Croix chez Hegel », *In* : *Revue Philosophique de la France et de l'Étranger,* Tome 188, Numéro 1, (JANVIER-MARS 1998), p.72.

[106]Cf. P. SOUAL, « Amour et Croix chez Hegel », p.73.

[107] *Ibid.*, p.83.

[108] *Ibid.*, p.85. A ce sujet, lire aussi R. BRAGUE ; Europe, la voie romaine ; Paris,1992, p.142.

[109] *Ibid.*, p.85-86.

[110] *Ibid.*, p.87.

[111] *Ibid.*, p. 87. Lire aussi à ce même sujet, G.W.F. HEGEL, *Cours d'esthétique*, (Trad. J.-P. Lefebvre), Paris, Aubier,1995, p. 238.

On trouve que la vérité[112] humaine est d'être un moment de Dieu mais aussi de vivre la vie de Dieu, d'être libre, de dépasser ce qui est fini. Dans la même vérité, l'homme trouve sa liberté ; cette découverte ne concerne pas quelque chose qui est, mais quelque chose qui se réalise dans l'histoire, Dieu et l'homme sont pareillement engagés et avancent sur le même pas. Ils font ensembles l'expérience de l'un et l'autre. Il est évident que cette conception fait partie intégrante du système hégélien ; pour sa justification, il faudrait dans cette perspective justifier tout l'ensemble de système[113]. Il est à savoir dans la perspective d'Homme-Dieu, Christ s'est sacrifié pour sauver l'humanité. Les ennemis du Christ ne sont que les méchants, le Christ reste toujours élevé au-dessus de ce qui est fini, d'ailleurs :

> Le moment suprême dans la vie de l'Homme-Dieu, c'est le sacrifice de l'existence individuelle, l'histoire de la Passion, des souffrances de la croix, le supplice de l'esprit, les tourments de la mort. Or cette sphère de représentation dans l'art diffère au plus haut point de l'idéal classique. Le Christ flagellé, couronné d'épines, portant sa croix au lieu du supplice, expirant dans les longs tourments d'une mort pleine d'angoisses et de souffrances, ne se laisse pas représenter sous les traits de la beauté grecque ; ce qui doit être exprimé, c'est la grandeur et la sainteté, la profondeur du sentiment, la douleur infinie, le calme dans la souffrance. Les amis eux-mêmes ne sont nullement des individus idéalisés, mais des individus qui conservent leur caractère propre et particulier. Ce sont des hommes simples que l'attrait de l'esprit divin a conduits vers le Christ. Quant aux ennemis, qui se déclarent contre Dieu, qui l'outragent, le crucifient, ils sont représentés comme intérieurement méchants ; et la représentation de la perversité intérieure, de la haine contre Dieu, entraîne, comme conséquence dans l'expression extérieure, la férocité, la barbarie, la rage empreinte sur ces physionomies. [...] nécessaire. Mais le moment de la mort, dans le développement de l'esprit, ne doit être considéré, dans la nature divine, que comme le point de transition par lequel s'accomplit l'harmonie de l'esprit avec lui-même. Les sujets les plus favorables pour l'expression de cette idée sont la Résurrection et l'Ascension, sans compter les moments où le Christ apparaît prêchant sa doctrine. Or ici se présente, particulièrement pour les arts figuratifs, une difficulté capitale ; car, d'une part, c'est l'esprit qu'il s'agit de représenter en lui-même dans sa nature intime et profonde ; en même temps, c'est l'esprit absolu avec son caractère infini et universel, identifié avec la personne du Christ, et élevé au-dessus de l'existence humaine. Cette infinité et cette profondeur spirituelles doivent cependant se révéler aux sens sous des formes extérieures et corporelles.[114].

IV.4. Incarnation : l'essentiel du christianisme dans la conception hégélienne

Hegel pense que la connaissance de Dieu est une connaissance de la raison universelle qui ne peut être commandée sous pression des lois. C'est la conception de Jésus qui est juste aujourd'hui dans la réflexion hégélienne : « rendre à César ce qui est à César et à Dieu ce qui est à Dieu »[115] .

---

[112] En effet, le vrai, est ce qui est, en d'autre terme ce qui est conforme à ce qui est. On peut distinguer ces deux significations, en parlant respectivement de *veritas rei* et de *veritas intellectus,* comme on trouvait chez les scolastiques. C-S. ANDRE, Dictionnaire philosophique, Paris, PUF, (2001), 2013, p.3495.

[113] Cf. G. VAN RIET, « Le problème de Dieu chez Hegel. Athéisme ou christianisme ? », p.369-370.

[114] G.W.F. HEGEL, *Esthétique*, p. 181-182.

[115] Cf. O. POEGGELER et P. GARNIRON, « L'interprétation hégélienne du Judaïsme », p.202-203.

On le sait, Hegel dans sa philosophie considère l'idée d'unification qu'il cherche suivant à intégrer dans son système[116]. En effet, nous pouvons également soulever l'idée de l'esprit absolu ou absolu tout cour dans la réflexion hégélienne pour comprendre cette unification.

C'est pour cette raison que le Dieu de la religion christianisée reste au centre de la réflexion hégélienne[117]. La philosophie hégélienne prône généralement l'idée de la religion et son histoire comme un nécessaire servant à représenter toutes les époques. C'est dans cette même perspective que la religion chrétienne n'a pas résister à influencer sur la connaissance de Dieu dans le système hégélien[118]. Il est à savoir que l'entendement fait du perceptible une forme absolue, c'est d'ailleurs l'idée de l'incarnation également[119]. Par exemple dans la religion chrétienne ou Dieu s'incarne dans le sensible. Et ce principe dans le système hégélien se comprend comme l'entendement.

L'entendement trouve le lieu de manifestation dans le sensible faisant ainsi une pensée spéculative comme le péché originel et l'idée de Saint –Esprit[120]. Ce qui est essentiel dans les réflexions philosophiques est qu'elles soient matérialistes ou sentimentalistes, est le monde sensible, dans la même perspective l'application des normes mathématiques à ce monde-là est considérée. Cela préoccupe Hegel, parce qu'une telle position, une telle structure de pensée s'éloigne de soubassement religieux et l'absolu tombe en soi[121].

Le Dieu du christianisme porte son histoire et culte dans le processus dialectique, offrant ainsi l'accomplissement dans la communauté. La distinction de religion chrétienne est achèvement de toute l'histoire religieuse nous pouvons citer la religion naturelle, la religion d'art, etc. Dans cette même perspective, il y'a lieu de rappeler également la figure du Christ, de Dieu devenu homme (Incarnation), en passant par la mort de ce Dieu-homme qui entre dans la réconciliation[122].

L'idée de « *causa sui* »[123] réside dans la pensée de homme-dieu. La spéculation de la conscience et de l'Esprit n'est pas la fin du système métaphysique et du Dieu de l'ontothéologie mais il annonce son aboutissement par un retour vers la fin qui se rapporte à la pensée

---

[116] Cf. E. BRITO, « G.W.F. HEGEL, L'esprit du christianisme et son destin, Précédé de l'esprit du judaïsme », *In* : *Revue Théologique de Louvain*,38e année, 2, (2007), p.264.
[117] Cf. F. DARWICH, « Hegel et Heidegger : vers l'autre Dieu », p.69.
[118] *Ibid.*
[119] *Ibid.*, p.70.
[120] *Ibid.* Lire aussi, G.W.F. HEGEL, *Leçons sur la philosophie de la religion,* Première partie (Trad. de P. GARNIRON, Paris, P.U.F., 1996, p. 151.
[121]Cf. F. DARWICH, « Hegel et Heidegger : vers l'autre Dieu », p.71. Lire aussi *Ibid.*, p.152.
[122] *Ibid.*, p.73-74.
[123] *Ibid.*, p.78.

hégélienne de Dieu[124]. Dans cette conception nous pouvons ainsi affirmer l'idée de l'incarnation chez Hegel comme le fondement de la religion chrétienne. Idée dans laquelle Dieu prend une forme humaine, l'Absolu se manifeste entraver le sensible et en devient. Nous pouvons comprendre en faisant cette figure :

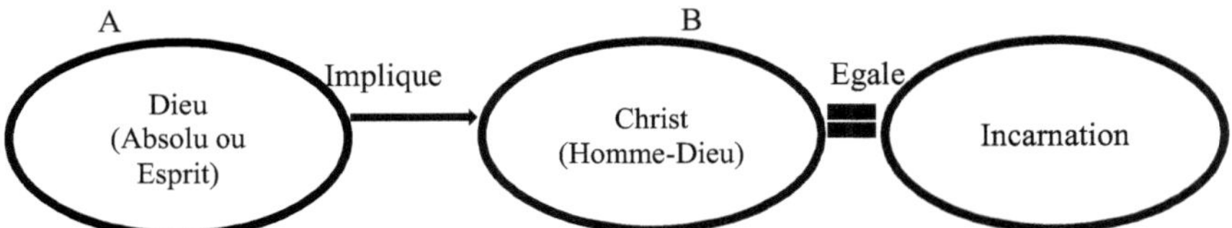

Alors, l'incarnation est expliquée dans la religion christianisée par le fait du « Dieu » de devenir « Homme Dieu ». La douleur de l'Esprit se trouve dans la réflexion hégélienne au niveau d'Homme-Dieu marquant ainsi la réconciliation entre le fini et l'infini. Le fini « revalorisé », ressaisi dans la « perfection » grecque, se confond avec le dieu du temple dans son déploiement de divinité[125]. Ce lien d'implication, représentant Dieu en travers le Christ est le sentiment de douleur de la conscience malheureuse de ce que Dieu est mortel. Cette dure formule est l'expression de la simple connaissance d'où[126] :

Je = Je

Le lien spirituel qui s'auto réalise est un point du passage qui n'est pas démontrer en profondeur chez les anciens. C'est bien l'incarnation qui démontre fondamentalement ce passage, cette liaison de la pensée et de la nature diffèrent de la création. Il y'a deux abstraits, l'âme et la matière, et la liaison n'est exprimée que dans la forme d'une chute de l'âme. La pensée hégélienne paraît ici assumer pour son propre compte, la dignité du christianisme de la matière, face au dualisme[127]. Cette dualité expliquant le lien de nature et pensée.

En effet, dans la même perspective d'incarnation, il est à savoir que Dieu représenté en Christ veut signifier que Christ est amour. L'amour maternel n'est pas essentielle car elle finit à un moment, mais l'amour de Dieu est extrême d'ailleurs :

> Dieu est l'amour par excellence, et par conséquent il doit être représenté dans le Christ, comme constituant son essence la plus profonde. Le Christ est l'amour divin. Comment Dieu, dans sa nature divine, s'unit-il à l'humanité pour opérer la rédemption ?
> Cette union ne peut trouver son image dans celle que nous offre l'amour humain. Seulement

[124] Cf. F. DARWICH, « Hegel et Heidegger : vers l'autre Dieu », p.78.
[125] *Ibid.*, p.87.
[126] Cf. P. SOUAL, « Amour et Croix chez Hegel », p.72.
[127] Cf. J-L. VIELLARD-BARON, « Les leçons de Hegel sur Platon dans son histoire de la philosophie », *In* : *Revue de Métaphysique et de Morale*,78e Année, N°3 (Juillet-Septembre 1973), p.414.

> l'idée de l'amour, comme représentant Dieu lui-même, l'absolu, ne pouvant apparaître avec son caractère universel, ne se révèle que dans la sphère et sous la forme du sentiment. Il en est de même de l'expression de l'amour, qui doit aussi présenter un caractère général comme son objet. [...] le Christ y paraît plongé dans les profondeurs de la nature divine ; mais en lui apparaît aussi le côté individuel et personnel ; l'expression de l'amour prend également un caractère humain, sans perdre de son élévation et de sa généralité. [...] L'amour maternel, au contraire, est sans arrière-pensée de but et d'intérêt ; il s'arrête au lien naturel qui unit la mère à l'enfant. Mais ici l'amour de la mère ne se renferme pas davantage dans ce rapport naturel. Marie, vis-à-vis de l'enfant qu'elle a porté dans son sein, qu'elle a enfanté dans la douleur, a la conscience et le sentiment parfait d'elle-même. Ce même enfant, le sang de son sang, est placé bien au-dessus d'elle. Et cependant cet être si grand est son fils ; elle s'oublie et se retrouve en lui. Le côté naturel de l'amour maternel est entièrement spiritualisé. Son élément essentiel est l'idée du divin ; mais cette idée reste pleine de douceur et de naïveté ; elle est merveilleusement pénétrée du sentiment naturel et humain. En un mot, c'est l'amour maternel dans sa félicité, et chez la seule mère à qui appartienne essentiellement la félicité. Cet amour, il est vrai, n'est pas sans douleurs
> ; mais c'est la souffrance de la perte, ce sont les déchirements intérieurs à la vue d'un fils souffrant, expirant et mort. [...] Telle est la belle forme sous laquelle apparaît, dans l'art romantique, à la place de l'esprit lui-même, l'amour maternel, cette image de l'esprit ; car l'esprit ne se laisse saisir par l'art que sous la forme du sentiment ; et le sentiment de cette union de l'âme avec Dieu n'est représenté de la manière la plus vraie, la plus réelle et la plus vivante que dans l'amour maternel de la Madone. Aussi y a- t-il eu une époque où l'amour maternel de la Vierge[...][128].

IV.5. Critique d'interprétation hégélienne du christianisme

IV.5.1. Arguments pour le christianisme

IV.5.1.1. Jean Baptiste et Jésus fortifient les juifs

Jean Baptiste et Jésus ont essayés de fortifier la conscience des juifs. Jésus n'a pas fait autre chose que de rappeler les normes morales qui existaient bien avant dans le texte. Jésus bien qu'il était juif était un maitre de la morale. Il était un maitre de moralité qui devrait se conformer à son entourage[129]. Hegel n'a pas tort de faire éloge de ces deux figures qui porte beaucoup d'estime dans la communauté chrétienne. L'affirmation de la jalousie de Dieu est surprenante d'autant plus à l'intérieur du christianisme que cette religion n'est et ne veut être rien d'autre que la révélation de ce que Dieu est, que la communauté chrétienne est considérée comme celle en quelle Dieu a était envoyé[130]. La figure de Christ doit être traduit en dignité et calme, c'est pour quoi :

> [...] la personne du Christ a été choisie comme sujet de représentation, les artistes qui ont entrepris d'en faire un idéal à la manière de l'idéal classique ont fait preuve du plus mauvais goût. De pareilles têtes de Christ et ces belles formes montrent bien, il est vrai, du sérieux, du calme et de la dignité ; mais la figure du Christ doit exprimer la spiritualité au plus haut degré de profondeur et de généralité, et en même temps une personnalité bien caractérisée. Or ces deux conditions s'opposent à ce que la félicité soit empreinte sur le côté sensible de la forme

---

[128] G.W.F. HEGEL, *Esthétique*, p.183-184.

[129] Cf. O. POEGGELER et P. GARNIRON, « L'interprétation hégélienne du Judaïsme », p.206-207.

[130]Cf. F. GUIBAL et G. PETITDEMANGE « Hegel : préface à la philosophie de la religion de Hinrichs », *In* : *Archives de Philosophie*, Volume 33, Numéro 4, Centre Sèvres – Facultés jésuites de Paris, (Octobre-Décembre 1970), p.914.

humaine. Combiner ces deux termes extrêmes de l'expression et de la forme est un problème de la plus haute difficulté. Aussi les peintres particulièrement se sont trouvés toujours embarrassés pour les représenter d'après le type traditionnel. Le sérieux et la profondeur du sentiment doivent dominer dans de pareilles têtes ; mais les traits et les formes du visage, l'extérieur de toute la personne, ne doivent pas plus être d'une beauté purement idéale que s'égarer dans le commun et le laid, ou même s'élever à la sublimité proprement dite. Sous le rapport de la forme[...] [131].

IV.5.1.2. Hegel valorise l'image de David et Salomon

Hegel prône la figure de David et Salomon à côté d'Alexandre et César, les qualifiants comme des figures immortelles plus que celles de notre histoire propre[132]. Dans la même perspective, il prône également la figure de multiples personnages religieux, considérés dans la religion chrétienne et le judaïsme même, car ils sont plus souvent dans *l'Ancien Testament.*

Noé qui réduisit à l'idéal pensé la nature au Dieu transcendant. Abraham qui refusa d'apporter avec lui les dieux de la famille, le Dieu national[133]. En effet, nous pouvons dans cette perspective comprendre l'explication également du monothéisme dans la pensée d'Abraham. Ceci, contrairement au paganisme ancien qui prônait le polythéisme, et le retour à ce paganisme que nous qualifions du néopaganisme dans notre dissertation.

IV.5.1.3. Hegel montre un exemple pour un lecteur chrétien

D'abord, Hegel prend l'histoire de Moise qui vit Dieu au désert de Sinai comme un exemple servant à faire différence sur la façon de lire l'*Ancien Testament.* Un lecteur ordinaire interprétera comme perception sensible de la vision de Dieu par Moise. Exemple, une femme instruite comme Racha dit on ne pourrait savoir l'endroit où Moise s'est tenu. Dans cette perspective Racha connait l'existence de Dieu mais ne croit pas qu'il soit perceptible par nos sens. Herder par contre est en faveur de la foi de Moise[134].

Dans cette même perspective nous pouvons tenter d'affirmer l'apport important de la philosophie hégélienne pour comprendre la foi religieuse. Par la rationalité philosophique l'idéaliste allemand nous explique la foi religieuse. Avec ses formules simples il nous montre la bonne manière de faire l'exégèse des textes chrétiens pour éviter les multiples faussetés.

En effet, à propos des miracle le Christ dit ceci : « *L'esprit vous conduira en toute vérité* [...] », La figure de quelque brillante accréditation dans la nature. Néanmoins, il est à savoir que l'enseignement est en tout état de cause à son apparition. Mais du fait qu'il s'agit de l'apparition de l'esprit dans l'être-là immédiat et pour l'intuition immédiate, c'est la présentation de l'idée divine dans la vie et dans le destin, qui est ce qui intègre l'enseignement, lequel

[131] G.W.F. HEGEL, *Esthétique*, p.180-181.
[132] Cf. O. POEGGELER et P. GARNIRON, « L'interprétation hégélienne du Judaïsme », p.208.
[133] *Ibid.*, p. 213.
[134] *Ibid.*, p. 209.

considéré pour lui-même seul, concerne seulement la figure, le sentiment qui n'est pas extérieur[135].

IV.5.1.4. L'idéaliste allemand proclame le triomphe de vérité religieuse sur l'histoire

Le résultat négatif de cette pensée contemporaine est ainsi de nous faire savoir à qui la réduit à des faits historiques ou des représentations extérieures[136]. En effet, il ne manque pas toujours d'opposition dans l'Eglise, la vérité dans la religion chrétienne n'est pas à rendre similaire avec l'histoire humaine car les deux s'opposent. Bien qu'il ait une opposition les deux ne restent pas dans l'opposition radicale car la religion et l'histoire se complètent.

L'Eglise est dans un état heureux si l'opposition en elle se limite purement à la différence de forme qui a été indiquée, lorsque l'esprit de l'homme ne maintient pas un contenu propre, qui est absolu mais opposé au contenu de l'Eglise, et que la vérité ecclésiale n'arrive pas à un contenu extérieur, qui laisse le Saint Esprit indifférent[137]. Ainsi, il y'a lieu de parler d'importance qu'on doit accorder à la mort du Christ qui n'est pas une histoire simple mais un fait de la foi religieuse, supérieur à l'histoire humaine.

Il est à savoir que le grand amour est la folie de la Croix se confond avec l'infinie sagesse de Dieu. Car cette mort n'est pas l'abolition de cette vie, mais son moment pour elle, parce qu'il est l'épreuve de l'amour, conduit à la victoire de l'amour : la résurrection du Christ. Au moment où l'Empereur, maître de la terre, avilit tout ce qui est riche parmi les hommes dans la société et l'Etat, Dieu, Seigneur du ciel et de la terre, descend dans le plus négligeable, l'assume et le transfigure en l'élevant. Par-là, c'est tout ce qui est inférieur qui est justifié, parce qu'il accueilli Dieu. C'est bien là pour Hegel, en tant que révélation du Dieu un tournant précieux[138].

On peut concevoir le ciel comme image d'histoire qui existe encore. La religion est comparable à l'esprit pensant mais qui ne peut pas penser en soi-même[139]. La philosophie nous sert pour la réconciliation absolu d'abord, ensuite les événements de l'histoire qui sont rendus compréhensible en elle[140].

---

135 G.W.F. HEGEL, *Leçons sur la philosophie de la religion*, p. 51-52.
136 Cf. F. GUIBAL et G. PETITDEMANGE « Hegel : préface à la philosophie de la religion de Hinrichs », p.891.
137 *Ibid.*, p.895.
138 Cf. P. SOUAL, « Amour et Croix chez Hegel », p.91.
139 Cf. P-J LABARRIERE, « Le Dieu de Hegel », *In* : *Laval Théologique et Philosophique*, Volume 42, Numéro 2, (juin 1986), p.239.
140 *Ibid.*, p.245.

IV.5.2. Arguments contre le christianisme

IV.5.2.1. Hegel réduit Dieu à l'inconnu

Cette réduction n'a pas sa place dans la religion chrétienne en toute évidence. Hegel pense que la doctrine de la vérité ne peut jamais être que doctrine de Dieu c'est à dire la révélation finie de sa nature et de son œuvre. Néanmoins, l'entendement ayant dissous tout contenu, a de nouveau pris en son sein Dieu d'un voile et l'a réduit à ce qu'il était auparavant, au temps de la simple nostalgie qui est « l'inconnu »[141].

Dans cette perspective, il est à savoir ce qui est en et pour soi et ce qui est fini et temporel, voilà les deux déterminations fondamentales qui se retrouvent dans une doctrine vraie. La validité d'une telle doctrine réside dans la manière de prise de position de l'esprit vis-à-vis de l'un et l'autre[142].

IV.5.2.2. Hegel préfère l'interprétation littéraire que littéral

Il n'est pas étonnant de voir le mot philosophie avoir au quatrième siècle avant Jésus-Christ un sens différent à celui qu'il a en Allemagne vers 1825[143]. Il est à savoir que plusieurs critiques adressées à Hegel, de ne pas « sympathiser » avec les textes étudiés, mais au contraire de les orienter et envelopper dans le mouvement de son système, se trouvent ainsi en porte-à-faux. Hegel comprend les philosophies passées selon sa propre méthode qui est la dialectique, mais cela ne lui interdit pas de faire les profondes analyses de façon à saisir l'élaboration progressive des concepts philosophiques[144]. En effet, il tente de cette façon à expliquer la figure de la religion chrétienne.

Dans la même perspective Hegel explique que dans toute l'histoire depuis les grandes invasions, dans la religion chrétienne médiévale, le seul but a été de déterminer l'exactitude en fonction de la conscience du transcendantal. Hegel a une vision relative au christianisme occidentale. Ce passage à la conscience du transcendantale « est devenu l'affaire ultérieure de l'éducation en général ». On sait combien Hegel avait été influencé par Emile de Rousseau, une figure de la *Phénoménologie*, œuvres où un maître spectateur rapporte l'auto-éducation de la conscience en faisant une description[145].

IV.5.2.3. La source d'inspiration de Jésus christ est placée dans sa mort

Dans le système hégélien les sources d'inspirations spiritualistes se trouvent après la conception doctrinale. Il donne l'exemple de deux philosophies en dehors de tout écrit, qui s'est synthétiser dans leur mort : Jésus et Socrate. La signification de la mort est ainsi relative chez

---

[141] Cf. P-J LABARRIERE, « Le Dieu de Hegel », p.900.

[142] *Ibid.*, p.903.

[143] Cf. J-L. VIELLARD-BARON, « Les leçons de Hegel sur Platon dans son histoire de la philosophie », p.402.

[144] *Ibid.*

[145] *Ibid.*, p.402.

Hegel à la méditation d'une double expérience morale et religieuse. La mort n'est rien hors des intentions de l'homme[146]. En effet, nous pouvons tenter d'expliquer que la doctrine de Jésus est également une source d'inspiration spirituelle, il en est de même de toute sa vie et non seulement la mort. C'est dans la perspective ou on cherche à comprendre la foi chrétienne.

Toute fois nous devons au moins dans la même perspective reconnaitre que les modernes ont avec les anciens des explications et doctrines parfois obscure[147]. D'où la nécessité de rationaliser se présente, néanmoins on doit tenir compte de ces informations passées.

La mort de Jésus n'est pas seulement une mort qu'on peut qualifier de naturelle ou belle comme celle de Socrate. La mort de Christ était sur la croix. La victoire de l'amour se trouve sur la croix[148]. Hegel pense que Dieu est l'amour, cette pensée caractérise Dieu en totalité dans le système hégélien. Bien que Dieu soit Esprit, Il reste amour, et Hegel souligne que Dieu est esprit absolu. La trinité expliquée par Hegel n'est pas un trithéisme, car Dieu dans cette perspective reste Un et Unique. Le trithéisme apparait dans cette réflexion comme la mort de Dieu. Le refus de la communication exacte de l'amour est le mal[149].

La résolution de contradiction de concept vrai est expliquée par la raison. L'Absolu n'est pas une vie sans signification mais il est un mouvement divin éternel. Le négatif est présent mais il est comme négativité caché, non apparente[150]. L'amour est l'acte divin servant à l'autodifférenciation où Dieu qui est Un s'unit avec le Christ qui est l'Autre et Esprit qui est Soit. La personne divine n'est pas fini tandis que la personne humaine est fini, égoïste et orgueilleux[151]. Le terme amour porte une signification importante chez Hegel, servant à l'idéaliste allemand d'expliquer ses intentions.

Le concept hégélien de l'amour consiste à se mettre en dehors de soi et demeurer chez l'autre. Ce mouvement est liberté chez Dieu. En effet, s'il est permis en théologie chrétienne de penser Dieu comme amour, cela montre que Hegel redit ce sujet dans sa philosophie spéculative[152]. Hegel dans l'amour de Jésus trouver un don réciproque qui traduit une véritable vie[153].

146Cf. J. VUILLEMIN, « La mort dans la philosophie de Hegel », *In* : *Revue Philosophique de la France et de l'Étranger,* Tome 137 (1947), p.198.

147 Cf. L. PONTON, « L'État hégélien, le christianisme et la pensée grecque », *In* : *Laval théologique et philosophique,* Volume 37, Numéro 3, (1981), p .316.

148 Cf. P. SOUAL, « Amour et Croix chez Hegel », p.73-74.

149 *Ibid.*, p.78.

150 *Ibid.*, p.79.

151 *Ibid.*, p.81.

152 Cf. P. SOUAL, « Amour et Croix chez Hegel », p.82. Lire aussi, B. BOURGOIS, *Le Christ hégélien*, Paris, PUF,1992, p.322.

153 *Ibid.*, p.82. Lire à ce sujet, G.W.F. HEGEL, *L'esprit du christianisme et son destin*, (Trad. de J. Martin), Paris, Vrin, 1981, p. 144.

IV.5.2.4. L'idée de déchristianisation

De la déchristianisation, Hegel semble être, parmi les philosophes, les plus reconnus. Déjà de son vivant, on l'accusé d'irréligieux, de panthéisme ou d'athéisme. Néanmoins s'il a contribuer pour la naissance des difficultés que nous rencontrons actuellement, nous ne devons pas ignorer qu'il nous aide aussi mieux[154].

Pendant l'histoire, on a eu recours à la théologie qu'à la philosophie, lorsqu'on a cherché à déterminer la nature de Dieu et ce qu'est la religion. Néanmoins, on l'a constaté, la double démarche fait problème, comme fait problème la double d'orientation dans l'attitude philosophique. Un « premier principe » est une vérité claire permettant à « tout » comprendre, d'élaborer un « système ». S'il y a plusieurs premiers principes, c'est, ou bien qu'il y a beaucoup de systèmes « symétriques », qui s'accordent les uns les autres, et qui peuvent être considérés comme équivalents[155].

Toujours dans la même perspective nous pouvons aussi dire ou bien, c'est que certains premiers principes utilisent mal leur titre, ils ne démontrent pas dans cette perspective le « tout ». On peut aussi affirmer qu'ils démontrent en négligeant d'autres aspects. Il s'agit ici des aspects relevant des autres premiers principes. Aucun des systèmes auxquels ils donnent naissance ne sera un vrai système compréhensif ; on n'aura que des systèmes complémentaires[156].

IV.6. Conclusion

Ce quatrième chapitre de notre dissertation est à sa fait. Il a été question de parler de généralité sur le christianisme, l'incarnation dans la religion chrétienne enfin nous avons présenté les critiques dans l'approche en terme des arguments pour et contre.

Dans la conception générale de la religion chrétienne, Hegel fait éloge de Dieu chrétien. Il montre que l'idée d'incarnation aide pour la compréhension de la trinité. Pour Hegel, Jean Baptiste et Jésus fortifient les juifs, David et Salomon sont des grandes figures, Hegel montre un bon exemple pour un bon lecteur de Bible, en fin il fait triomphé la religion sur l'histoire.

Mais, ce qui est d'argument contre est le fait que sa conception d'autre part réduit Dieu à l'inconnu, il fait également une interprétation littéraire au lieu de littéral, il place la source d'inspiration en Jésus que dans la mort de ce dernier, en fin son idée de déchristianisation. Un argument contre le christianisme est un argument qui nous pouce au néopaganisme.

---

[154] Cf. G. VAN RIET, « Le problème de Dieu chez Hegel. Athéisme ou christianisme ? », p.355.
[155] *Ibid.*, p.357.
[156] *Ibid.*

Chapitre V. CHRISTIANISME CHEZ FEUERBACH

V.1.Introduction

Le cinquième chapitre parle de généralité sur le christianisme chez Feuerbach et le mothéisme dans la même perspective, la représentation de Jésus enfin le chapitre nous fait savoir les différentes critiques sur Feuerbach dans sa conception du christianisme.

V.2. La généralité sur l'approche feuerbachienne du christianisme

Chez Feuerbach, la religion chrétienne garde vis-à-vis de croyance antique le seul aspect qui intéresse l'homme, il s'agit de la dimension d'avenir. Il n'est donc pas question de préexistence de l'âme, mais celle-ci n'est pas mortelle dans le futur. Dans la doctrine de la résurrection des corps, le christianisme quitte l'abstraction et effectue un retour à la croyance populaire qu'il considère comme initiale[157]. Cependant ce retour n'est qu'une apparence, car la religion christianisée reste. Feuerbach l'a démontré dans *L'essence du christianisme* comme une religion spiritualiste et individualiste[158].

Feuerbach pense que la religion chrétienne a généralisé l'attribution à tous les hommes croyants. De son côté, la mort est une appréciation négative : est mortel le corps que l'homme possède en commun. Le rationaliste pour Feuerbach existe théoriquement théiste comme dans la réflexion chrétienne, mais pratiquement il est athée. Il explique tout ce qu'il peut sans Dieu et ne fait appel à Dieu que là où son explicitation est en échec par exemple, à propos du commencement du monde et de l'origine de la vie[159].

La philosophie feuerbachienne sur la mort, l'immortalité et la personnalité de Dieu se tourne dans les préoccupations principales de l'école hégélienne. Le problème était que le système prestigieux du maître ne paraissait pas garantir à l'homme l'immortalité personnelle et à Dieu la transcendance absolue. Feuerbach est parmi ceux qui on réfléchit et soutenu le débat de l'école[160].

C'est lui (Feuerbach) qui a exploité l'héritage hégélien et l'a prolongé dans une direction que Hegel n'avait même pas pu prévenir. De cet héritage, il a apprécié la supériorité accordée à l'universel. Il est à noter que cet universel a été identifié successivement à la « raison une, universelle, infinie », ensuite à l'homme en tant que genre humain, et enfin à la nature, qui s'oppose à l'esprit hégélien[161]. En effet, il est à savoir qu'on trouve aussi chez Feuerbach l'idée de philosophie comme un religion d'avenir.

---

157 Cf. TRAN VAN TAN, « La mort et le problème de Dieu dans la pensée de Ludwig Feuerbach », p.344.
158 *Ibid.*
159 *Ibid.*, p.345.
160 *Ibid.*, p.355.
161 *Ibid.*, p.344.

Feuerbach veut faire une réforme de la philosophie de son époque une perspective de religion. Il dégage les principes relatifs à la philosophie d'avenir. Comme Hegel, Feuerbach conclut, loin de nous faire révélation d'être vrai, nous ne sommes que dans l'univers d'abstraction[162]. Dans la même perspective, il est à savoir qu'un philosophe bien instruit de sa méthode s'assure qu'il en est meilleur ainsi, et c'est aussi un mystère[163].

Les chrétiens selon Feuerbach, se réjouissent de la vie généralement comme les païens ; mais ils adressent leurs prières et offrandes au Père éternel qui est dans les cieux. Ils accusent dans la même perspective les païens d'idolâtre, car ceux derniers rendent les offrandes aux créatures au lieu de Créateur[164].

Le christianisme fait à ce que l'homme perde la possibilité de s'en sortir soi-même, de se sentir membre de l'univers, de comprendre ses relations avec la nature[165]. L'essence du christianisme de Feuerbach organise et offre une bonne perspective à l'introduction de l'ouvrage du philosophe[166]. En effet, Feuerbach avait l'intention de promouvoir la raison humaine.

Dans l'approche feuerbachienne, l'essentiel des théories sont composées de : « esprit religieux » et « l'individu abstrait ». Tous les mystères qui détournent une approche vers le mysticisme, l'homme peut en trouver solution par sa raison[167]. Ainsi, l'être humain est d'une partie composée de pouvoir divin.

V.3. Le monothéisme chrétien chez Feuerbach

La mort qui supprime chez l'homme-Dieu tout élément humain, individuel, sensible et particulier est comme condition de possibilité de sa présence universelle comme Esprit[168]. En effet, nous pouvons tenter d'interpréter dans cette perspective l'idée de monothéisme chrétien dans la philosophie de Feuerbach. Dieu comme Absolu s'est manifesté en Christ comme Homme-Dieu en fin il est devenu Saint-Esprit le jour de pentecôte.

---

[162] Cf. R. VANCOURT, « " Philosophie de l'avenir" et "Religion de l'homme" selon Feuerbach », *In* : *Nouvelle Revue Théologique*,96, Numéro 3, Lille,12e rue de la Bassée, (1974), p. 278-279.

[163]A. DURAND, « Feuerbach lecteur de Fichte », p.40. Lire aussi, FICHTE, Nouvelle présentation de la doctrine de la science, (Trad. THOMAS-FOGIEL), Paris, Vrin, 1999, p. 114-115.

[164] L.FEUERBACH, *La religion*, p.87-89.

[165] L. FEUERBACH, *Essence du christianisme*, p.166.

[166] Cf. E. CHAPUT, « Pauline Clochec. Pour lire L'essence du christianisme de Ludwig Feuerbach, Paris, Éditions sociales, 2018, 191 pages p.247. », *In* : *Philosophiques*, Volume 46, numéro 1, printemps (2019), p.247.

[167] Cf. L. GOLDMAN, « L'idéologie allemande et les thèses sur Feuerbach », In : *L'Homme et la société*, Numéro 7, (1968), p.53.

[168] Cf. TRAN VAN TAN, « La mort et le problème de Dieu dans la pensée de Ludwig Feuerbach », p.352. On le sait, un homme honnête veut qu'il y ait un Dieu. E. KANT, Critique de la raison pratique, Paris, 1888, p.260. Le concept de Dieu a une signification transcendantale, et cet usage de l'idée transcendantale dépasse les limites de la détermination. E. KANT, Critique de la raison pure, (Trad. A. TREMESAYGUES et B. PACAUD), Paris, 1905, p.483.

Nous devons savoir que Feuerbach a appliqué à l'homme l'idée hégélienne que la mort naturelle de l'individu l'élève à l'existence spirituelle. Mais les mots n'ont plus le même sens, car, pour Feuerbach, l'existence spirituelle n'est pas comme une existence effective, néanmoins une existence purement abstraite, comme être de représentation. Dans cette perspective, le mort n'est plus rien pour lui-même, il n'est plus qu'un objet de représentation pour les vivants, un être intériorisé dans le souvenir des ceux qui vivent[169].

Dans la même perspective, les chrétiens sont sans doute en présence d'un exemple unique : une religion qui ne craint pas de montrer la mort comme l'anéantissement de l'être en entièreté, de l'âme dans la géhenne, une religion qui proclame à l'occasion de la cérémonie, la plus sainte, l'eucharistie (sainte scène chez les chrétiens protestants), ils annoncent la mort du Christ etc.[170].

La doctrine de la résurrection est différente avec celle de l'immortalité de l'âme. Le Dieu qui ressuscite les morts ne trouve pas en eux le point de départ pour la vie nouvelle. C'est parce qu'ils sont totalement morts qu'il faut les recréer. Il faut que l'homme trouve une vie nouvelle, qui diffère de celle qu'il possédait naturellement et qui ne pouvait pas le conduire à la mort[171].

Feuerbach écrit que le monothéisme naquit au moment où l'homme avait compris qu'il était au centre, il était le but de la création[172]. Dans cette perspective, on arrive à la réflexion que là où il y'a la créature il doit être le créateur, c'est pour quoi :

> Si l'origine de la nature est en Dieu, sa fin est dans l'homme ; ou bien cette doctrine : Dieu est le créateur de l'univers n'a de fondement et de sens que dans celle-ci : L'homme est le lut de la création. Rougissez-vous de croire que le monde a été créé, fait pour l'homme ? Eh bien ! Rougissez aussi de croire à une création en général. Là où il est écrit : " Au commencement Dieu créa le ciel et la terre, [...]" là il est aussi écrit : " Dieu fit deux grandes lumières et avec elles les étoiles, et les plaça à la voûte du ciel pour éclairer la terre et former le jour et la nuit." La croyance que l'homme est le but de la nature vous paraît-elle avoir sa source dans l'orgueil humain ? Eh bien ! soyez assez conséquents pour ne voir, dans la croyance à un créateur du monde que la manifestation de l'orgueil de l'homme. [173].

Feuerbach a tenté dépasser tant l'abstraction théologique que celle de l'individu isolé. L'essence infinie de l'Homme se présente socialement au sein d'une communauté humaine, ensuite c'est ce qui rend possible une praxis sociale. Ce passage de la croyance en un Dieu

---

[169] Cf. TRAN VAN TAN, « La mort et le problème de Dieu dans la pensée de Ludwig Feuerbach », p.353.
[170] *Ibid.*, p.359.Lire aussi R. MEHL, *Le vieillissement et la mort*, Paris, 1962, p. 74-75.
[171]Cf. TRAN VAN TAN, « La mort et le problème de Dieu dans la pensée de Ludwig Feuerbach », p.3 59.
[172] L.FEUERBACH, *La religion*, p.127.
[173] *Ibid.*, p.128.

unique(monothéiste) à la praxis sociale nécessite de poser des questions sur l'essence de la religion ainsi que sur le caractère anthropologique de la philosophie de Feuerbach[174].

Feuerbach opère une critique de la foi religieuse à partir de ses deux ouvrages, il s'agit respectivement de : *Pensées sur la mort et l'immortalité* 1, ensuite l'Essence *du christianisme* 2. En faisant des schémas, on peut dire que Feuerbach présente dans les *Pensées sur la mort et l'immortalité* que la croyance en un Dieu unique et la croyance en une vie éternelle sont ensemble et que, pour se réapproprier la vie terrestre, il est obligatoire de renoncer à la croyance en Dieu[175]. Dans l'*Essence du christianisme*, il se donne la tâche de faire la définition l'objet religieux proprement dit, à savoir, par quel processus l'être humain pose hors de lui un être transcendant, Dieu, dans lequel il aliène beaucoup de ses propres qualités[176].

Dans les *Pensées sur la mort et l'immortalité*, Feuerbach montre d'abord de quelle façon l'homme crée Dieu. Il montre que le Dieu personnel est en effet le fruit d'une abstraction du Soi que le sujet objective en un être en dehors donne une existence réelle par le nom de Dieu. Ce Dieu n'est donc autre que l'essence de l'homme objectivée et non reconnue comme telle par le croyant. Dieu est le « Je » qui s'ignore et s'objective dans une singulière essence[177].

La contradiction existe, précisément dans cet être à la fois personnifié et éternel. Feuerbach dans la même perspective pense qu'on ne trouve donc rien en Dieu qui ne serait pas dans la personnalité non éternelle ; on trouve en Dieu la même chose, le même contenu qui existe dans l'homme[178].Qui a un Dieu non mortel, ne saurait réellement mourir. Qui se projette dans un être *supra* mondain, ne peut posséder la vérité dans ce monde. A partir de la croyance en ce Dieu personnel découle donc l'inexistence de la nature et par là même de la mort[179].

V.4. La représentation feuerbachienne de Jésus

Feuerbach reconnait Jésus Christ comme le Fils de Dieu. A ce sujet, il dit que beaucoup de responsables d'Eglise soutiennent la réflexion selon laquelle le Fils de Dieu provient de l'essence du Père est non de sa volonté. C'est dans cette perspective que même dans la religion chrétienne, Feuerbach souligne que la nature n'a pas hésiter de faire ses droits[180].

La religion chrétienne a exagérée dans la subjectivité, oubliant l'espèce humaine dans laquelle se trouve le salut, a fait appel à la nature spirituel (Jésus) pour vaincre le péché[181]. Dans

---

174 Cf. A. DURAND, « Ludwig Feuerbach : la religion de l'Homme », (2008),disponible sur https://journals.openedition.org/trajectoires/213 Consulté jeudi 8 avril 2021 à 06 :07.

175 *Ibid.*

176 *Ibid.*

177 *Ibid.*

178 *Ibid.*

179 *Ibid.*

180 L.FEUERBACH, *La religion*, p.98.

181 L. FEUERBACH, *Essence du christianisme*, p.195

cette perspective Feuerbach écrit ceci : « "l'homme est pour l'homme un Dieu ; [...]" mon péché est rejeté en deçà de ses frontières, renvoyé à son propre néant, parce que c'est le mien et pas le moins du monde celui des autres. »[182]. Feuerbach, reconnait en Jésus un messie ou sauveur dans cette perspective. Il est venu pour vaincre le péché qui a rendu esclave les chrétiens.

V.5. Critique d'interprétation feuerbachienne du christianisme

V.5.1. Argument pour le christianisme

Dans la réflexion feuerbachienne nous avons l'idée selon laquelle le Christ sépare la religion chrétienne du paganisme. Le païen ne se concentre pas et laisse pénétré toutes les influences de la nature[183]. Les païens considèrent la raison comme essence d'un être humain alors que le chrétiens comme un individu[184].

Le paganisme place comme affaire seconde l'intérêt de la personnalité. Feuerbach écrit que celui qui refuse la résurrection du Christ refuse le Christ et Celui qui refuse le Christ refuse Dieu. La résurrection de la chaire est considérée comme la plus grande victoire dans la religion chrétienne que les païens ne comprennent pas[185]. Dans cette perspective le christianisme est la religion qui apporte la paix[186], contrairement au paganisme, voici un évangile qui vient finir le paganisme et éviter toute tendance au néopaganisme.

---

[182] L. FEUERBACH, *Essence du christianisme*, p.196.

[183] *Ibid.*, p.184.

[184] *Ibid.*, p.189.

[185] *Ibid.*, p.179.

[186] On le sait, la religion chrétienne est pour la paix, néanmoins nous devons reconnaitre aussi qu'il ne manque pas souvent des problèmes entre croyants s'ils sont à difficulté de prendre leurs points de vues. Parmi ces problèmes nous pouvons citer les conflits, les guerres inhabituelles etc. Emmanuel Mwamba Kamuanga nous donne l'exemple de la ville de Kisangani en RDC entre 1997 et 2002. Beaucoup de personnes ont rendu l'âme, certains sont devenu orphelin, or la majorité des habitants de Kisangani étaient des chrétiens. Les boyomais (ceux qui habitent Kisangani) se sont retrouvés face au dilemme qui consiste à faire choix entre l'Evangile qui prône la paix et les guerres qui désolent. Une obligation s'impose dans cette perspective pour se libérer de cet assujettissement des Rwando-Ougandais. Heureusement les chrétiens de Kisangani avaient opté pour la paix. Cf. E. MWAMBA KAMUANGA, « Pour une éducation politique chrétienne en RDC » *in* : *Revu Théologique Shalom* : L'Eglise/la Bible et la politique, p.91. En effet, cette communication est une controverse scientifique pour aider les chrétiens à choisir ce qui est bien entre la paix et la confit. Mais face à tous ces problèmes la Bible reste seule supérieur. (*Ibid.*, p.91-92.). Dans cette perspective apparait la nécessité de mettre en pratique une éducation chrétienne qu'on pourrait appliquer dans le contexte de la RDC. Un pays en guerres et de multiple conflits malgré la présence des chrétiens. Un Etat où on pratique encore les crimes contre l'humanité : Feu Floribert Chebeya (défenseur de droit de l'homme en RDC), fut assassiné la nuit 2 au 3 juin 2010 à Kinshasa. Les chrétiens doivent rester chrétiens et pour ceci il faut les apprendre. Un ancien étudiant de l'Université Shalom de Bunia du nom Amayo fut sauvagement massacré le 25 Décembre 2008(Le jour où les chrétiens fêtent la Noel), (*Ibid.*, p.92). En décembre 2009, OCHA a dénoncé l'attaque des rebelles ougandais qui ont massacré 83 personnes et 106 civils pris en otage, parmi lesquelles 17 enfants. *Ibid.*, Lire aussi OCHA, Rapport mensuel Décembre 2009 et bilan annuel, Province orientale(Bunia), Kisangani/Dungu/Aru), 2009, a.1. Les responsabilités en RDC ont perdu leurs vies de l'unité et intégrité nationales, même la monnaie congolaise (Franc Congolais) ne circule plus. P. NDUDANGA KAVARIOS, Interface du management public dans la mondialisation monétaire. De l'exterritorialité des monnaies étrangères à la territorialité du franc congolais pour la mondialisation monétaire, Editions Universitaires Européennes,2017, p.163. A l'égard de ce qui précède les chrétiens sont dans l'obligation de défendre la doctrine chrétienne de la paix bien que le champ de l'application est un calvaire. Pour ceux qui sont au pouvoir, ils doivent bien diriger, c'est dans cette perspective qu'Aristote disait : « Les hommes qui ne désirent le pouvoir que par lui-

V.5.2. Argument contre le christianisme

V.5.2.1. Feuerbach s'attaque à certaines doctrines chrétiennes

Feuerbach fait l'éloge des certaines doctrines chrétiennes comme le protestantisme, mais il ne manque pas également de formuler des critiques. Il présente certaines conceptions qu'il juge irrecevable. Ce n'est pas tout afin étonnant de voir une réflexion philosophique dans son être, d'être critique ou autocritique.

La perspective de la théorie est le point de vue de l'harmonie avec le monde. L'activité subjective, celle dans laquelle l'homme trouve sa satisfaction et se donne le champ libre, est ici seulement l'imagination sensible. Le protestantisme joue un grand rôle dans le processus de déclin de la religion, car par l'intermédiaire de la figure du Christ, l'humanité se réapproprie ce qu'elle avait accordé à la figure mystique de Dieu. Ludwig Feuerbach pense que si Dieu est donc un Dieu vivant parce qu'il est un Dieu de l'homme, un être utile, l'homme est l'être absolu l'essence de Dieu[187].

Un Dieu seul n'est pas un Dieu ; en autre terme nous pouvons dire un Dieu sans l'homme n'est pas Dieu ; là où, l'homme n'est pas, il n'y a pas non plus de Dieu ; en enlevant à Dieu l'attribut de l'humanité, on enlève aussi l'attribut de la divinité ; si sa relation à l'homme disparaît, il en va de même pour son essence. Cependant, dans le même temps le protestantisme a, théoriquement du moins, maintenu à son tour récent ce Dieu humain , l'antique Dieu *supra* naturaliste (supérieur à la nature)[188]. En effet, en dehors de la foi religieuse, il y'a aussi la raison qui doit primer sur la chair.

Le protestantisme est la contradiction de la théorie et de la pratique ; il a prôné seulement la chair humaine mais non la raison humaine. L'essence du christianisme, en autre terme l'essence divine ne fait pas controverse avec le protestantisme les tendances naturelles de l'homme. Mais elle contredit la raison et par suite n'est théoriquement qu'un objet de foi[189]. Aussi, nous ne devons pas confondre la foi religieuse de la raison humaine, il en est de même de la raison humaine.

---

même, et non en vue d'utilité de leurs semblables, n'ont point d'avenir dans la pensée : leurs vues sont étroites, et bornées : quelques mois, quelques années, voilà le terme de leurs plus longues espérances. Ils s'aperçoivent [...] ». ARISTOTE, « Préliminaire », La morale et la politique, Tome I (Trad. M. THUROT), Paris, 1823, p.22-23. Ainsi, il y'a lieu de philosopher pour échapper aux multiples ignorances. ARISTOTE, La métaphysique, (Trad. B- S – H. JULES et A. PERRON), Paris, Ladrange, (1838), 1840, p.10.Il est bon que les Eglises se créent des curés ou pasteurs de village. Car c'est scandaleux de voir dans un village catholique, la religion peut être absente dans la vie de tous les jours, réservé seulement le dimanche. Les paysans chrétiens sont déracinés de la foi religieuse. S. WEILL, L'enracinement. Prélude à une déclaration des devoirs envers l'être humain, Paris, Gallimard, 1949, p.59.

[187]Cf. L. FEUERBACH, « La période que représente la religion pour l'humanité », disponible sur https://materialisme-dialectique.com/feuerbach-sur-la-periode-que-represente-la-religion-pour-lhumanite/ mercredi 7 avril 2021 à 11 :44.

[188] *Ibid.*

[189] *Ibid.*

L'essence de la foi, l'essence de Dieu n'est, comme il a été expliqué, rien d'autre que l'essence humaine posée et représentée extérieurement à l'homme. Faire la réduction d'essence *extra* humaine (extrême ou transcendantal à l'homme), surnaturelle et antirationnelle de Dieu à l'essence naturelle, immanente et naturelle de l'homme c'est se libérer du protestantisme, du christianisme en général et de sa contradiction fondamentale[190].

V.5.2.2. Feuerbach proclame la mort de Dieu

Quel que soit les raisons invoquées, il est inadmissible de parler de « la mort de Dieu » dans la foi religieuse. C'est l'hérésie dans la doctrine chrétienne. Dans la foi chrétienne, on ne peut non plus se poser des questions mortelles sur l'Immortel. Néanmoins, comme il s'agit de connaissance philosophique qui est appelé à être critique, tentons d'appréhender la réflexion feuerbachienne.

Il est à savoir que Feuerbach lui-même ne se présentait pas comme athée. Effectivement, il proclame la mort de Dieu, néanmoins c'est pour mieux diviniser l'être humain. De plus, il entend découvrir la grâce à la nouvelle religion, « la religion de l'homme », les principes fondamentaux de la religion chrétienne niés par le christianisme en acte[191].

Or Feuerbach a montré que l'essence humaine était présente dans la religion révélée, de façon aliénée et inconsciente certes, néanmoins tout de même là. Avec Feuerbach, il n'est pas question de créer une nouvelle humanité après la mort de Dieu, il s'agit au contraire de découvrir cette humanité. Pour le dire plus simplement, Feuerbach semble plus archéologue qu'inventeur[192].

Néanmoins, Feuerbach permet aussi la résolution à travers sa conception du rapport à autrui tant critiqué. L'étude uniquement sociale ou économique des rapports humains ne cernerait pas précisément ce qui est humain dans ces rapports. Ainsi, dans la perspective des thèses provisoires dans le souci de la réforme philosophique, Feuerbach cite, le « Droit naturel de Hegel ». Dans le droit, c'est la personne qui est l'objet, dans la morale il s'agit de sujet, dans la famille le membre de la famille[193].

190Cf. L. FEUERBACH, « La période que représente la religion pour l'humanité », disponible sur https://materialisme-dialectique.com/feuerbach-sur-la-periode-que-represente-la-religion-pour-lhumanite/ mercredi 7 avril 2021 à 11 :44.

191 A. DURAND, « Ludwig Feuerbach : la religion de l'Homme », (2008),disponible sur https://journals.openedition.org/trajectoires/213 Consulté jeudi 8 avril 2021 à 06 :07.

192*Ibid.*

193 *Ibid.*

Or Feuerbach déclare que toute spéculation sur le droit, la volonté, la liberté, la personnalité, qui se passe de l'homme, se situe hors de l'homme ou même au-dessus de lui, est une spéculation sans unité, sans nécessité, sans substance, sans fondement, et sans réalité [194].

V.6. Conclusion

Ce cinquième chapitre est à sa fin. Il a été question d'expliquer la généralité sur la conception feuerbachienne du judaïsme, le monothéisme chrétien, la représentation de Jésus par Feuerbach et les critique en terme de deux arguments : pour et contre.

Feuerbach fait également éloge de la religion chrétienne, il reconnait dans celle-ci le monothéisme, et la représentation du Christ. Feuerbach fait une différence entre le christianisme et le paganisme, à cet effet entre les chrétiens et les païens.

Mais, nous devons reconnaitre qu'il ne fait pas éloge de toutes les confessions (doctrines) de la religion chrétienne. Son défaut dans le christianisme est le fait d'être un moment influencé par l'expression de mort de Dieu qui a influencé son époque avec les tendances athéistes[195].

---

[194] A. DURAND, « Ludwig Feuerbach : la religion de l'Homme », (2008),disponible sur https://journals.openedition.org/trajectoires/213 Consulté jeudi 8 avril 2021 à 06 :07.

[195] Pour comprendre toute influence des athées contre les églises, il faudrait lire aussi. E.K. MWAMBA, « Pour une éducation politique chrétienne en RDC » *in* : *Revu Théologique Shalom* : L'Eglise/la Bible et la politique, p.49.

Chapitre VI. COMPARAISON ENTRE LE SENS FEURBACHIEN ET HEGELIEN DU CHRISTIANISME

VI.1. Introduction

Dans ce sixième chapitre qui est le dernier de notre dissertation nous tentons de comparer deux approches. Il s'agit d'approche hégélienne du christianisme et l'approche feuerbachienne du christianisme dans la même perspective de la religion chrétienne. Nous présentons d'abord l'identité ensuite la séparation.

VI.2. Indenté entre l'approche feuerbachienne et hégélienne

VI.2.1. Pour Hegel et Feuerbach le christianisme est la meilleure religion

VI.2.1.1. Le christianisme : la meilleure religion chez Hegel

Hegel argumente en faveur le christianisme. Il considère la religion chrétienne comme la Bonne Nouvelle de l'Evangile. L'explication nous est donné par cette réflexion qui dit : « [...] au moment où le temps fut accompli, un homme se manifestant en suite attaqua de front le judaïsme lui-même. La source du judaïsme, c'est la soumission à un étranger. C'est cela qu'attaqua Jésus »[196]. Bien que le christianisme soit une religion, il existe des principes qu'un chrétien doit respecter pour son épanouissement. Ces normes se traduisent en méthode pour surmonter les maux.

A tout le temps, l'homme doit surmonter sa finitude, offrir à son cœur mauvais, vaincre sa nature, triompher de la mort, mais aussi trouver la liberté. Il est mouvement, processus. Or, un pareil mouvement implique la transcendance de Dieu, mais comme dépassée : elle implique en effet à tout moment la scission de l'infinie douleur de peuple juif et sa suppression. Le chrétien doit mémoriser les Psaumes, mais il sait aussi que son aspiration à la réconciliation est réalisée[197].

VI.2.1.2. Le christianisme : la meilleure religion chez Feuerbach

Feuerbach écrit que dans le ciel de la théologie chrétienne, nous trouvons notre corps et il sera parfait[198]. Il note également que le Dieu de la religion christianisée est l'être éternel. La Bible chrétienne déclare que toute chose passe. Mais dans le paganisme se passe le contraire. C'est dans cette perspective que les païens sont dans le ténèbres. On le sait, le soleil et la lune sont souvent nommés par eux comme éternels. A ce sujet, ils disent : « Tu adores un dieu mort sur la croix, [...], et moi j'adores le soleil qui ne meurt jamais. ». Le Dieu des chrétiens est bon

[196] Cf. G. VAN RIET, « Le problème de Dieu chez Hegel. Athéisme ou christianisme ? », p.381.Lire aussi, G.W.F. HEGEL, *L'esprit du christianisme et son destin*, (Trad. J. MARTIN), Paris, 1948, p. 152.
[197] *Ibid.*, p.405.
[198] L. FEUERBACH, *La religion*, p.169.

et miséricordieux en même temps. Il fait bruler le soleil pour les méchants et les bons, il offre la pluies aux justes et injustes[199].

Le christianisme s'affirme également comme la meilleure religion, pour son acceptation de Dieu comme créateur de l'univers, il est également provident, car l'homme se sent toujours près de lui, grâce à sa foi. On le sait :

> "On reconnait l'arbre à ses fruits, est-il dit dans la Bible, et l'apôtre saint Paul proclame que l'univers est l'œuvre à laquelle on reconnait l'existence et les attributs de Dieu, car ce qu'un être produit se contient tout entier, nous montre ce qu'il est et ce qu'il peut. Nous avons [...] tout ce que nous mettons ensuite en Dieu, c'est-à-dire Dieu créateur est pour nous non un être moral, spirituel, mais un être naturel, physique." Un culte fondé sur l'idée d'un Dieu simplement créateur, [...] [200].

VI.2.2. Hegel et Feuerbach reconnaissent la trinité

VI.2.2.1. Trinité chez Hegel

Nous devons savoir que toute philosophie, comme toute religion, arrive à son moment ; le privilège de Hegel est d'être né au moment où la religion absolue était venue à son apogée et d'avoir réfléchi sur l'expérience humaine dans sa totalité. Aussi, à ses yeux, l'affirmation du Dieu-Trinité n'est ni une affirmation « théologique », ni une réflexion de la « philosophie chrétienne ». Elle relève de l'ordre philosophique, et c'est à la réflexion philosophie que revient la tâche d'en montrer la vérité[201]. En effet, le Christ change l'histoire de l'humanité par sa mort et résurrection.

Ainsi, nous devons savoir que Jésus Christ est ressuscité et monté au ciel. Nous avons en lui, l'humanité naturelle, la finitude et la soumission sont vaincus. Les deux extrêmes se rejoignent : il est unit au Père, dans l'Esprit ou l'Amour infini. Si la mort du Christ expliquait, de manière évidente, que l'altérité est inhérente à la nature même de Dieu, son éloge manifeste qu'elle n'est qu'un moment évanescent, doit être dépassé[202].

Aussi, c'est dans la même perspective qu'on peut se référer de la figure du chapitre quatre de cette dissertation qui représente la trinité dans le christianisme. Dieu qui est Esprit se manifeste comme Fils devenant ainsi comme Homme-Dieu en fin le Saint-Esprit le jour de pentecôte. En réalité les trois (Dieu comme Père, Fils et Saint-Esprit) ne font qu'un. Et c'est là même l'idée de la trinité.

En effet, il est à souligner que la compréhension de l'histoire de Jésus et sa révélation c'est dans le « Royaume de l'Esprit ». Dans cette perspective, la vérité absolue est le fait que Dieu est Trinité, ou encore que l'Homme-Dieu est mort et ressuscité. La connaissance de cette

---

[199] L. FEUERBACH, *La religion*, p. 84.

[200] *Ibid.*, p. 96.

[201] Cf. G. VAN RIET, « Le problème de Dieu chez Hegel. Athéisme ou christianisme ? », p.383.

[202] *Ibid.*

vérité est l'appropriation de la conscience de soi. D'une part l'homme est nature, finité, mortalité ; d' autre part il est dépassement de la nature, aspiration à l' infini et à la vie éternelle[203].

Il est un être contradictoire. Il se nie dans cette perspective qui n'est jamais ce qu'il est ; de cette contradiction intérieure viennent la douleur et le malheur de sa propre conscience. L'homme comprend enfin dans le « Royaume de l'Esprit », cette controverse est constitutive de son être même susceptible d'être surmontée. Il est à savoir que Dieu inclut la finité, la mort, et les dépasses. L'homme est considéré comme la figure de Dieu. Il ne sait pas seulement l'histoire de Jésus, mais aussi sa propre histoire, saisies dans toute la profondeur de sens[204].

En effet, le Fils comme manifestation du Père nous donne également des bonnes instructions pour vivifier notre foi. Christ nous montre que l'esprit humain a une supériorité sur la nature, dans cette perspective il n'est pas meilleur de chercher la révélation dans la nature. On le sait : « [...] l'esprit est supérieur à la nature. Le Christ a dit :"N'êtes-vous donc pas plus que les moineaux ?" L'homme peut donc mieux connaitre Dieu par lui-même que par le moyen de la nature. Ce qu'il produit par lui-même manifeste le divin plus que ne le fait la nature. »[205].

Dans même perspective de compréhension de la trinité dans la religion chrétienne, l'expression de « Homme-Dieu » est la plus adaptable. Elle permet à résumer ce principe fondamental du christianisme où Dieu s'est fait Homme et il en est devenu. N'échappant pas ainsi, aux maux tel que souffrance, douleur et même la mort. Dans *Esthétique*, Hegel s'exprime dans la même perspective, il écrit ceci :

> Le principe fondamental de la croyance chrétienne, c'est que Dieu lui-même est homme et qu'il s'est fait chair. Dans sa personne s'est réalisée cette harmonie de la nature divine et de la nature humaine. Pour chaque homme, voilà le modèle à imiter. Chaque individu y trouve l'image de son union avec Dieu. Ce modèle n'est pas un simple idéal ; il s'est réalisé sous la forme historique. C'est l'histoire de l'Homme-Dieu. Cette histoire fournit le sujet principal de l'art romantique au point de vue religieux. Il semble que l'art, considéré simplement comme tel, soit ici en quelque sorte superflu. Car l'essentiel consiste dans la foi, qui porte en elle-même le sentiment de la vérité absolue et, par conséquent, réside dans la partie la plus intime de l'âme. [206].

---

[203] Cf. G. VAN RIET, « Le problème de Dieu chez Hegel. Athéisme ou christianisme ? », p.384.
[204] *Ibid.*
[205] G.W.F. HEGEL, *Leçons sur l'histoire de la philosophie*, p. 200.
[206] G.W.F. HEGEL, *Esthétique*, p.180.

VI.2.2.2. Trinité chez Feuerbach

Feuerbach écrit, que si l'être humain est destiné à souffrir, ne trouve pas dans cette perspective la satisfaction à Dieu, il ne peut pas se contenter de ce Dieu. Cette satisfaction humaine se réalise dans la trinité[207]. La trinité est réuni dans une seule déterminité[208].

Dieu pense et aime. La trinité traduit, l'idée de l'amour, car : « Un Dieu qui ne se connait pas, un Dieu sans conscience n'est pas un Dieu. De même que l'homme Dieu ne peut se penser sans être conscient de sa pensée :"La conscience de Dieu n'est pas autre chose que la conscience s'affirmant elle-même, comme une manière d'être absolue et divine. "Mais ce n'est pas là seulement ce qu'exprime la trinité. »[209].

VI.2.3. Hegel et Feuerbach n'ignorent pas le mal

VI.2.3.1. Le mal chez Hegel

Hegel dans sa réflexion philosophique n'ignore pas le problème du mal, Il ne s'inquiète guère du mal physique comme : souffrance, travail pénible et mort. Il est à savoir que le mal relève aussi de la nature, royaume de la nécessité ; ce mal est inéluctable, mais n'est pas sans plus un mal, pense Hegel[210].

Le vrai problème vient du mal moral, et ici encore Hegel fait une distinction. D'après lui, la philosophie ne s'intéresse pas aux péchés individuels, car ce sont des actes contingents qui n'affectent pas l'homme comme tel. Elle s'intéresse au péché en un sens plus fondamental, à savoir au « cœur mauvais » qui est à la source des fautes personnelles. Ce mal naît de la connaissance. Les êtres privés de conscience, la pierre, l'animal, l'enfant, ne sont ni bons, ni mauvais : ils sont simplement « innocents »[211].

Si Hegel rend le mal « nécessaire », après l'avoir constaté, il veut dans cette perspective lui donner un « sens », en faire une *felix culpa* (heureuse culpabilité) ? Il ne compromet pas pour autant, nous semble-t-il, la transcendance de Dieu[212]. Malgré la présence de mal, nous sommes appelés à savoir que l'homme a le pouvoir sur la créature, bien que celle-ci semble le soumettre à la fin[213].

---

[207] C'est nous qui écrivons la trinité en muniscule, mais dans l'ouvrage de Feuerbach, nous avons trouvé qu'il écrivait toujours en majuscule, même le traducteur avait également reproduit en magiscule. C'est peut-être d'après notre interprétation, l'importance non négligeable qu'accordé Feuerbach à la trinité chrétienne.
[208] L. FEUERBACH, *Essence du christianisme*, p.94.
[209] *Ibid.*, p.95.
[210] Cf. G. VAN RIET, « Le problème de Dieu chez Hegel. Athéisme ou christianisme ? », p.395.
[211] *Ibid.*, p.395.
[212] *Ibid.*, p.396.
[213] Cf. J. D'HONDT, « La ruse de la raison », p.298.Lire aussi, G.W.F. HEGEL, *Science de la logique,* Tome II (Trad. P-J. LABARRIERE et G. JARCZYK, Paris, Aubier, 1981, p.363.

VI.2.3.2. Le mal chez Feuerbach

VI.2.3.2.1. Le paganisme : le mal dans la philosophie feuerbachienne

Le paganisme ancien avait pour principe l'unité ; dualisme ou désaccord en toutes choses. On trouve bien, il est vrai, dans le paganisme, des contrastes nombreux. La religion chrétienne unit à ces maux des luttes transcendantes[214]. Par-là, Feuerbach veut reconnaitre le mal dans l'univers de l'humanité.

Les païens offraient à leurs dieux du paganisme des sacrifices humains, mais on peut se poser la question de savoir si combien de sacrifices humains la foi catholique, la foi protestante n'ont-elles pas offerts au Dieu des chrétiens ? A ce sujet, Feuerbach nous invite à reconnaitre que la différence est que le paganisme sacrifiait les corps, tandis que la religion chrétienne sacrifie les âmes[215].

Dans la conception feuerbachienne, un esprit fort n'aurait pas pu mieux présenter les incompréhensibilités et les controverses intimes qui se trouvent dans la doctrine du péché originel, que ne l'a fait ici un vrai croyant, un orthodoxe incarné. Feuerbach s'interroge à ce sujet en disant que cet aveu devrait soulever contre sa personne les multiples théologiens de la réforme[216].

VI.2.3.2.2. L'idée de mal dans la science chez Feuerbach

Feuerbach affirme qu'il n'y a aucune philosophie antichrétienne qui ne soit venue au monde et il n'y aura pour les théologiens. Celle de Leibnitz, qu'on entend aujourd'hui louer comme orthodoxe, passait à son temps aux yeux des piétistes, pour aussi antichrétienne qu'aujourd'hui celle de Hegel. Et qu'on n'affirme pas que celui qui hait la philosophie ait sincèrement meilleure opinion des autres disciplines scientifique[217].

Mais nous devons toute fois reconnaitre que ce n'est que par ignorance de l'esprit de ces sciences que le théologien ne développe pas jusqu'à elles la haine qu'il porte à la philosophie, dont le caractère est d'exposer leur esprit général, indépendamment des matières traitées par chacune[218]. En effet, Feuerbach avait prétention de soulever la négligence d'accuser suffisamment les autres sciences, comme antichrétiennes. Car on ne peut se prétendre à exclure certaines disciplines scientifiques, le principe d'interdisciplinarité nous exige.

---

[214] L.FEUERBACH, *La religion*, p.45.
[215] *Ibid.*, p.60.
[216] *Ibid.*, p.62.
[217] *Ibid.*, p.66. Avec la pensée nietzschéenne également il y'a lieu de comprendre le mal comme la haine, envie, entêtement, méfiance, avidité, le poison… F. NIETZSCHE, Le gai savoir, les Echos de Maquis, édition électronique (1887),2011, p.62. En effet, il existe des nations qui ne comprennent ni assassinat, ni écrasement sans compensation du faible, on le sait : « Le péché leur fait horreur. ». J. ZIEGLER, Les nouveaux maitres du monde et ceux qui les résistent, Fayard,2002, p.84.
[218] *Ibid.*

Dans cette perspective, Feuerbach souligne qu'il le devrait pourtant, s'il était audacieux car il est écrit dans la Bible : « *Qui n'est pas pour moi est contre moi.* » Or, la physique, l'astronomie, la botanique, la physiologie, la jurisprudence n'étant pas le moins du monde pour le Christ, sont dans cette perspective contre lui. Bien des gens ont perdu leur foi chrétienne par l'étude de ces disciplines scientifiques. Et c'est en elles que l'esprit de liberté a pris sa source[219].

VI.2.4. Hegel et Feuerbach reconnaissent les sources judaïques du christianisme

VI.2.4.1. Les sources judaïques du christianisme chez Hegel

Il est à savoir que Hegel interprète la religion juive comme un point sur lequel se démarque le christianisme. La religion chrétienne vient après l'expansion du judaïsme. Tout est parti du comportement des juifs qui n'est pas du tout apprécier par d'autre peuple. Il n'est pas question de haine contre les juifs mais une correction vis-à-vis de leur conception. On le sait :

> Sans parler des Juifs et des Mahométans, chez les Grecs mêmes Platon condamne les dieux d'Homère et d'Hésiode. En général, dans le développement de chaque peuple, il arrive un moment où l'art ne suffit plus. Après la période de l'art chrétien, si puissamment favorisé par l'Église, vient la Réforme, qui enlève à la représentation religieuse l'image sensible pour ramener la pensée à la méditation intérieure. L'esprit est possédé du besoin de se satisfaire en lui-même, de se retirer chez lui, dans l'intimité de la conscience comme dans le véritable sanctuaire de la vérité. C'est pour cela qu'il y a quelque chose après l'art. Il est permis d'espérer que l'art est destiné à s'élever et à se perfectionner encore. Mais en lui-même il a cessé de répondre au besoin le plus profond de l'esprit. Nous pouvons bien trouver toujours admirables les divinités grecques, voir Dieu le père, le Christ et Marie dignement représentés ; mais nous ne plions plus les genoux .[220].

Du judaïsme, la religion chrétienne va sortir. Malgré soit les époques, les circonstances, le christianisme n'a pas hésité à faire une expansion étonnante et surprenante. C'est pour quoi Hegel dit : Quelle que soit la façon dont les choses tournent, elle a toujours accompli et atteint la chose même, car celle-ci, étant le genre universel de ces moments, est le prédicat de tous[221].

Pour Hegel, Jésus ne pouvait passer directement de la positivité radicale du judaïsme au meilleur moralité (la raison pratique) : il devait donc faire passer son enseignement non-positif par le biais d'une nouvelle positivité, entre autre nous pouvons citer : l'autorité divine, les miracles etc.[222]. Effectivement mauvaise dans l'absolu, mais moins mauvaise que la positivité juive, car contenant sous la forme positive un contenu non-positif : la positivité se découvre ainsi utilisée contre elle-même. En d'autre manière : nous avons affaire ici à une éducation à

---

[219] L.FEUERBACH, *La religion*, p.66. On le sait, Emmanuel Kant pense qu'il faut revoir quand nous sommes entrait de chercher l'origine du mal. Ce que nous mettons en premier n'est pas le penchant au mal mais le mal réel. E. KANT, La religion dans les limites de la raison, (Trad. A. TREMESAYGUES), Paris,1913, p.46.

[220] G.W.F. HEGEL, *Esthétique*, p.40.

[221] G.W.F. HEGEL, *La phénoménologie de l'esprit*, Tome I (Trad. J. HYPPOLITE), Paris, Aubier,1937, p.337.

[222] ARI SIMHON, « Une " sombre énigme " ? Etude hégélienne » (2006) , disponible sur https://www.cairn.info/revue-archives-de-philosophie-2006-4-page-601.htm Consulté mercredi 7 avril 2021 à 13 :27.

la raison d'hommes qui, en tant qu'hommes, sont relatifs à la raison mais qui, en tant qu'inscrits dans une culture positive, sont muets à un discours purement rationnel[223].

De préférence, il existe pour Hegel un noyau éternel, intemporel, bien qu'éternel, émerge peu à peu dans un contexte historique. La raison émerge à elle-même dans l'histoire, telle est la tension propre de ce fragment qui ne renvoie à une raison. Il faut dans la même perspective savoir, l'évolution par rapport aux fragments bernois antérieurs : dans *la Vie de Jésus*, le Christ ne cherchait pas que l'on ait foi en lui et un texte de 1793-1794 présentait le célèbre « celui qui croit en moi » comme la transformation par les apôtres d'un simple « celui qui croit », tandis que maintenant (1796), c'est Jésus lui-même qui exige la foi en sa personne [224].

En d'autre terme, la positivité de la religion chrétienne ne vient pas seulement de l'Eglise, mais aussi du Christ. Mais, c'est contraint par l'ambiance de positivité juive que Jésus demande cette foi positive en sa personne, jouant la positivité contre elle-même, la forme positive s'auto-dissolvant par le contenu non-positif qu'elle promeut[225].

VI.2.4.2. Les sources judaïques du christianisme chez Feuerbach

Feuerbach reconnait les sources judaïques du christianisme. Il justifie la sortie de la religion christianisée du judaïsme par le fait que les juifs ont changé le véritable sens du judaïsme pour en constituer leur arme pour se protégés vis-à-vis des étrangers. Le peuple de Dieu dans cette perspective ne devrait vivre que dans l'ignorance.

L'être humain qui doit s'exprimer au nom de Dieu explique par là même, l'absence de la divinité à la société humaine et met en évidence une distance qui s'effectue entre monde divin et monde humain, qui ne sont plus confondus l'un à l'autre et fusionnés, comme c'était le cas dans la première société. Le christianisme se place dans la perspective de la lignée du judaïsme. L'individu est appelé, au nom d'une réalité plus parfaite, à investir son monde, à le changer et l'harmoniser selon ses intentions[226].

VI.3. Différence des conceptions de Feuerbach et Hegel

VI.3.1. La controverse hégélienne et feuerbachienne sur le sens de la raison

Feuerbach, influencé par l'idéalisme allemand représenté à son époque par Hegel, il y démarque rapidement des lacunes et fait critique. Pour Hegel, la raison humaine est identique

---

223 ARI SIMHON, « Une " sombre énigme " ? Etude hégélienne » (2006) , disponible sur https://www.cairn.info/revue-archives-de-philosophie-2006-4-page-601.htm Consulté mercredi 7 avril 2021 à 13 :27.
224 *Ibid.*
225 *Ibid.*
226 M-C. PEPIN ; *La thèse de la sortie de la religion chez Marcel Gauchet en perspective : Feuerbach, Freud, Nietzsche* ; p.73-74.

au réel et peut reconstruire ce réel à partir de principes à priori qui expliquent la réalité dans sa totalité, dans son absolu[227].

Ainsi, la raison possède le pouvoir d'englober le réel et de le comprendre sans l'expérience concrète. Feuerbach décèle sous cette forme de pensée, une aliénation de la philosophie spéculative puisqu'alors elle ne prend pas en considération l'abstraction, entrant ainsi en contradiction avec l'aspect concret de l'existence humaine. Elle aliène l'homme dans la mesure où la réalité de son expérience vécue considérée non supérieur[228]. Avec Feuerbach nous constatons l'inadaptation de la théologie chrétienne pour l'interprétation.

La dualité, que l'on retrouve dans la philosophie spéculative, entre corps et esprit, vient selon Feuerbach, de la théologie chrétienne qui maltraite l'être réel et lui enlève sa dimension physique. Pour Feuerbach, qui se veut matérialiste, la pensée est un moyen de savoir ce qui est réel. Elle peut les appréhender et en s'en faire des représentations. Néanmoins, pour Feuerbach, le moyen de savoir ultime est l'amour qui saisit l'être. L'amour prouve l'existence ou la non-existence d'un être : « [...] quelque chose qui aime quelque chose. Ne pas être et ne pas aimer sont la même chose. Plus on existe, et plus on aime, [...] »[229].

Derrière Dieu l'être humain se cache, sa volonté et ses peurs, ses limites et son désir d'accéder à la perfection. La religion montre tout haut ce que l 'homme sent et souhaite en secret. La notion d'aliénation, dans la critique feuerbachienne de la religion, est empruntée à Hegel, qui accepte l'aliénation de la pensée dans le monde matériel. Ce monde qui transcende la pensée lui serait en fait immanent et aurait donc la même essence[230].

VI.3.2. Hegel trahit la théologie chez Feuerbach

L'expression *Homo homini deus* signifie l'être humain est un dieu pour l'homme déclare Ludwig Feuerbach, qui écrit dans l'*Essence du christianisme*, l'une des critiques de la religion les plus radicales de son époque. Feuerbach est considéré comme élève de Hegel, il n'hésite pas à se détourner de son maître à la fin des années 1830, faisant reproche au système hégélien d'être en tentative éclatante de restaurer la religion christianisée[231].

En plaçant l'esprit au-dessus de la nature, il pense dans cette perspective que Hegel trahit un certain mépris du monde matériel hérité de la théologie chrétienne. Le réel n'existe

[227]M-C. PEPIN ; *La thèse de la sortie de la religion chez Marcel Gauchet en perspective : Feuerbach, Freud, Nietzsche* ; p.73-74.
[228]*Ibid.*
[229] *Ibid.*, p. 12-13. Lire aussi L. FEUERBACH, *Manifeste philosophique. Textes choisis (1839-1845)*, « Principes de la Philosophie de l'avenir », (Trad. Althusser), Paris. PUF, 1960, p. 181.
[230]*Ibid.*, p. 14-15.
[231] L.FEUERBACH, « L'Essence du christianisme de Feuerbach »,(1841), (02 juillet 2019), disponible sur https://www.philomag.com/philosophes/ludwig-feuerbach Consulté vendredi 9 avril 2021 à 11 :49.

plus pour lui-même, il est déduit à un prédicat de la pensée, ce que Feuerbach reproche. La théologie est de l'anthropologie, pense Feuerbach. Une réflexion considérée du « paganisme », n'a pas hésiter à séduire des jeunes hégéliens. Il y'a possibilité de dire que Feuerbach a rompu la doctrine hégélienne, ouvrant ainsi un chemin pour transformer le monde[232].

En France on ne connaît Feuerbach comme un philosophe qui critique l'aliénation religieuse. Avec Feuerbach nous avons la formule, « L'homme créa Dieu à son image », n'est plus une simple dénonciation de l'anthropomorphisme et acquiert autre valeur. Elle porte le sens que Dieu est fait de ce qu'il y a de bon dans l'homme, que celui-ci s'appauvrit de tout ce dont celui-là s'enrichit. On pourrait aussi bien regarder en lui un ancêtre de l'existentialisme[233].

Sa réflexion, d'abord hégélienne et idéaliste, a atteint son apogée dans une perspective quasi existentielle de la vie humaine Chef de ce qu'on nomme la gauche hégélienne, il fut effectivement le premier grand adversaire du Système. Abandonné par l'Université pour avoir voulu intervenir dans le débat religieux de son époque, sa situation le conduit à envisager les problèmes purement humains. Parti de l'idéalisme hégélien, Feuerbach s'en détache[234].

Quand Hegel voyait dans la philosophie la vérité de la religion, il se trompait du tout au tout : c'est la philosophie qui est la spéculation et la religion concrète. Dans cette perspective la religion révèle à l'homme l'être réel et sensible que lui refuse la philosophie spéculative : elle est une fonction non mortelle de l'esprit humain Feuerbach est athée par excès de religion[235].

VI.4. Conclusion

Ce chapitre qui est le dernier de notre dissertation était pour faire un essai sur la comparaison d'approche hégélienne et feuerbachienne du christianisme. Nous avons procédé par la présentation d'identité ensuite les différences entre ces deux approches.

Pour Hegel et Feuerbach le christianisme est la meilleure religion et ces deux philosophes reconnaissent l'idée de la trinité. Ils ont d'identité dans la conception du mal. En fin ils reconnaissent les sources judaïques du christianisme.

---

[232]L.FEUERBACH, « L'Essence du christianisme de Feuerbach »,(1841), (02 juillet 2019), disponible sur https://www.philomag.com/philosophes/ludwig-feuerbach Consulté vendredi 9 avril 2021 à 11 :49.

[233] Cf. J. LACROIX, « L'humanisme athée de Feuerbach», (le 12 juillet 1957 à 00h00), https://www.lemonde.fr/archives/article/1957/07/12/l-humanisme-athee-de-feuerbach_2319918_1819218.html Consulté vendredi 9 Avril 2021 à 12 :41. En effet, Feuerbach présente son athéisme comme l'aboutissement innée de l'histoire des religions. Ainsi que tous les philosophes allemands qui sont vénus avant lui depuis Kant, il opère sur la théologie protestante. Or le protestantisme, d'après lui, ne s'intéresse plus comme le catholicisme de ce que Dieu est en soi, mais de ce qu'il est pour nous. (*Ibid.*). Il n'est pas seulement christologie, c'est-à-dire anthropologie religieuse. " Grâce à Luther, la religion d'objective est devenue subjective. C'est en somme continuer son œuvre que de remplacer la foi en Dieu par la foi en l'homme. Le tournant de l'histoire sera le moment où l'être humain prendra conscience que le seul Dieu de l'homme est l'homme lui-même. Le secret de la théologie n'est pas la philosophie, néanmoins elle est l'anthropologie(*Ibid.*).

[234] *Ibid.*

[235]*Ibid.*

Néanmoins, Hegel et Feuerbach différèrent sur l'interprétation de sens de la raison. En bref, ce qui domine dans cette interprétation est l'accusation feuerbachienne contre Hegel, ce dernier qui est dans l'esprit d'aliénation. Nous citons également Hegel accusé de trahir la théologie par Feuerbach pour avoir singularisé toute puissance au détriment du transcendant, méprisant ainsi la force que pourrait avoir la nature ou la matière.

CONCLUSION GENERALE

Nous voici terminer et non finir avec l'interprétation hégélienne et feuerbachienne du christianisme dont le judaïsme est pris comme point de départ. Il a été question dans cette dissertation de faire un essai sur le sens de la religion chrétienne pour éviter toute tendance de monde actuel au paganisme, une pratique qu'on qualifie du néopaganisme car il s'agit de retours de monde actuel aux anciennes pratiques jugées hérétiques. Ce travail comprenait deux partie : la première a exposé le sens du judaïsme chez Hegel et Feuerbach et la seconde a expliqué le sens du christianisme dans deux approches, il s'agit d'approche feuerbachienne et hégélienne. Ensuite il existait au total six chapitres.

Le premier chapitre a tenté de présenter la généralité de conception du judaïsme dans l'approche de Hegel, en donnant la nature juive et le judaïsme. Il a été aussi question de parler du monothéisme judaïque. Enfin il s'est agi également d'un essai sur les critiques des différentes conceptions hégéliennes du judaïsme.

Hegel argumente en faveur de peuple juif et le judaïsme. Il écrit que les juifs ont été victime d'agression c'est pour cette raison qu'ils ont utilisé le judaïsme qui était leur religion pour s'abriter aux agressions externes. Mais, Hegel reconnait que le judaïsme est monothéiste par conséquent il diffère du paganisme. Du judaïsme sort la religion chrétienne et le judaïsme proclame le Dieu unique. Néanmoins, Hegel écrit que le judaïsme n'est pas la meilleure religion et il est inférieur.

Le deuxième chapitre été pour faire un essai sur la généralité de la conception feuerbachienne de la religion et le monothéisme judaïque chez Feuerbach enfin les critiques d'interprétation feuerbachienne du judaïsme.

Feuerbach affirme que croire à Dieu c'est se faire une protection transcendantale. Le judaïsme croit à un Dieu selon Feuerbach. Et le christianisme est issu du judaïsme. Néanmoins, les juifs ont changé la vraie signification du judaïsme en utilisant celui-ci pour leurs propres intérêts.

Le troisième chapitre était pour la comparaison de Feuerbach et Hegel dans leurs conceptions judaïques. Nous avons commencé par la présentation d'identité entre Feuerbach et Hegel, et nous avons achevé le chapitre en faisant la différence entre les deux (Hegel et Feuerbach).

Pour Feuerbach et Hegel, la religion juive porte d'énigme. Néanmoins ils reconnaissent tous deux le monothéisme judaïque qui marque une différence avec le paganisme. Il se diffèrent sur la conception générale de la religion. Ainsi, nous trouvons l'idée d'aliénation dont Hegel est victime d'accusation par Feuerbach.

Le quatrième chapitre a été question pour la généralité sur le christianisme, l'incarnation dans la religion chrétienne. Nous y avons également présenté les critiques dans la théorie hégélienne en terme des arguments pour et contre.

Hegel fait éloge de la religion chrétienne. Il montre l'idée d'incarnation dans la trinité. Pour Hegel, Jean Baptiste et Jésus fortifient le peuple juif, David et Salomon sont des grandes figures, Hegel montre un bon exemple pour vivifier un bon lecteur de la Bible, en fin il proclame la supériorité de religion sur l'histoire. D'où Christ de la foi est supérieur au Christ de l'histoire.

Néanmoins, ce qui est d'argument contre est le fait que sa conception est au risque de réduire Dieu à l'inconnu, il fait une interprétation littéraire au lieu de celle qui est littérale, il place la source d'inspiration en Jésus dans la mort de ce dernier seulement. Nous citons également le risque de déchristianisation.

Le cinquième chapitre a tenté d'expliquer la généralité sur la conception feuerbachienne du christianisme, le monothéisme chrétien, la représentation de la figure de Jésus. Il y avait aussi les critique en terme des arguments pour et contre.

Feuerbach fait éloge de la religion chrétienne, il reconnait dans celle-ci le monothéisme, et la valorisation de la figure du Christ. Feuerbach fait une différence entre le christianisme et le paganisme, dans cette perspective il sépare comme l'exige les mœurs les chrétiens et les païens. Mais, son défaut dans le christianisme est le fait d'être un moment influencé par l'expression de mort de Dieu qui a primée en son époque avec les tendances athéistes.

Le sixième chapitre qui est le dernier de notre dissertation était pour faire un essai sur la comparaison d'approche hégélienne et feuerbachienne de la religion chrétienne. Nous avons d'abord expliqué l'identité ensuite les différences entre ces deux approches.

Pour Hegel et Feuerbach c'est la religion chrétienne qui est la meilleure religion. Et ces deux philosophes reconnaissent la trinité chrétienne. Ils montrent également qu'il existe le mal qu'il faut éviter. En fin ils reconnaissent les sources judaïques de la religion chrétienne.

Mais, Hegel et Feuerbach se sépare sur l'interprétation de sens de la raison. En bref, ce qui domine dans cette interprétation est l'accusation feuerbachienne contre Hegel, ce dernier qui est dans d'aliénation. Nous citons également Hegel accusé de trahir la théologie par Feuerbach pour avoir réduit toute puissance au détriment du transcendant, méprisant ainsi la force que pourrait contenir la matière.

BIBLIOGRAPHIE

a. Ouvrages de Hegel

Esthétique, Tome I (Trad. Ch. BERNARD), Quebec, 1835.

La phénoménologie de l'esprit, Tome I (Trad. J. HYPPOLITE), Paris, Aubier,1937.

Leçons sur l'histoire de la philosophie, (Trad. J. GIBELIN), Paris, Gallimard,1954.

Leçons sur la philosophie de la religion, Troisième partie (Trad. P. GARNIRON), Paris, PUF,2004.

b. Ouvrages de Hegel à lire

Esthétique, Tome II, Paris, 1944.

L'esprit du christianisme et son destin, (Trad. J. MARTIN), Paris, 1948.

La raison dans l'histoire, (Trad. de K. PAPAOIANNOU), Paris, 1965.

L'esprit du christianisme et son destin, (Trad. de J. MARTIN), Paris, Vrin, 1981.

Science de la logique, Tome II (Trad. P-J. LABARRIERE et G. JARCZYK, Paris, Aubier, 1981.

Cours d'esthétique, (Trad. J.-P. Lefebvre), Paris, Aubier,1995.

Leçons sur la philosophie de la religion, Première partie (Trad. de P. GARNIRON), Paris, P.U.F., 1996.

c. Ouvrage de commentateur de Hegel à lire

BOURGOIS, B., *Le Christ hégélien*, Paris, PUF,1992.

d. Articles des commentateurs de Hegel

BRITO, E., « G.W.F. HEGEL, L'esprit du christianisme et son destin, Précédé de l'esprit du judaïsme », *In* : *Revue Théologique de Louvain*,38e année, 2, (2007), p.264.

BRITO, E., « La mort de Dieu selon Hegel. L'interprétation d'Eberhard Jüngel », *In* : *Revue Théologique de Louvain*,17e année,3, Louvain–la–Neuve, Rue de la Houe 1, 1986, pp. 293-308.

D'HONDT, J., « La ruse de la raison », *In* : *Laval Théologique et Philosophique*, Volume 51, Numéro 2, (juin 1995), pp. 293–310.

DARWICH, F., « Hegel et Heidegger : vers l'autre Dieu », In : *Klessis-Revue Philosophique*, 15, (2010), pp.69-86.

GARCEAU, B., « Les travaux de jeunesse de Hegel et l'interprétation de sa philosophie de la religion », In : *Philosophiques*, Volume 1, Numéro 1, Québec, Avril 1974, pp.21-49.

GARY BADCOCK, D., « Hegel, le luthérianisme et la théologie contemporaine », *In* : *Klessis-Revue Philosophique*, (Octobre 2007) pp. 49-65.

GRAVEL, P., « Pour une logique de l'action tragique : Hegel et la tragédie », *In* : *Philosophiques*, Volume 5, Numéro 1, (Avril 1978), Québec, pp. 111–131.

GUIBAL, F. et PETITDEMANGE, G., « Hegel : préface à la philosophie de la religion de Hinrichs », *In* : *Archives de Philosophie*, Volume 33, Numéro 4, Centre Sèvres – Facultés jésuites de Paris, (Octobre-Décembre 1970) pp. 885-916.

LABARRIERE, P-J., « Le Dieu de Hegel », *In* : *Laval Théologique et Philosophique*, Volume 42, Numéro 2, (juin 1986), pp.235-245.

LISSA, G., « Deux modèle philosophiques de l'antijudaïsme : Hegel et Nietzsche », In : *Press*, volume 1, numéro 38, (2005), pp.117-137.

POEGGELER, O. et GARNIRON, P., « L'interprétation hégélienne du Judaïsme », in *Archives de Philosophie*, Volume 44, numéro 2, (1981), pp.189-237.

PONTON, L., « L'État hégélien, le christianisme et la pensée grecque », *In* : *Laval théologique et philosophique,* Volume 37, Numéro 3, (1981), p. 305–316.

SOUAL, P., « Amour et Croix chez Hegel », *In* : *Revue Philosophique de la France et de l'Étranger,* Tome 188, Numéro 1, (JANVIER-MARS 1998), pp. 71-96.

VAN RIET, G., « Le problème de Dieu chez Hegel. Athéisme ou christianisme ? », *In* : *Revue Philosophique de Louvain,* Troisième série, Tome 63, Numéro 79, Louvain (1965), pp.353-418.

VIELLARD-BARON, J-L., « Les leçons de Hegel sur Platon dans son histoire de la philosophie », *In* : *Revue de Métaphysique et de Morale*,78e Année, Numéro 3 (Juillet-Septembre 1973), pp. 385-419.

VUILLEMIN, J., « La mort dans la philosophie de Hegel », *In* : *Revue Philosophique de la France et de l'Étranger,* Tome 137 (1947), pp. 194-202.

e. Ouvrages de Feuerbach

Essence du christianisme, (Trad. J.ROY), Paris,1864.

La religion, (Trad. J. ROY), Paris,1864.

f. Ouvrage de Feuerbach à lire.

L. FEUERBACH, *Manifeste philosophique. Textes choisis (1839-1845)*, « Principes de la Philosophie de l'avenir », (Trad. Althusser), Paris. PUF, 1960.

g. Articles des commentateurs de Feuerbach

CHAPUT, E., « Pauline Clochec. Pour lire L'essence du christianisme de Ludwig Feuerbach, Paris, Éditions sociales, 2018, 191 pages p.247. », *In* : *Philosophiques*, Volume 46, numéro 1, printemps (2019), p. 243–247.

DURAND, A., « Feuerbach lecteur de Fichte » *In* : *Philosorbonne*, 3, Sorbonne 2009, pp.33-50.

GOLDMAN, L., « L'idéologie allemande et les thèses sur Feuerbach », In : *L'Homme et la société*, Numéro 7, (1968), p.37-55.

MOTTU, H., « La portée philosophique et théologique de la rupture de Marx avec Feuerbach », *In* : *Revue de Théologie et Philosophie*, Troisième série, volume 32, numéro 2, Librairie Droz, (1965), pp.65-93.

TRAN VAN TAN, « La mort et le problème de Dieu dans la pensée de Ludwig Feuerbach », *In* : *Revue Philosophique de Louvain*, Quatrième série, tome 73, numéro 18, (1975), pp. 304-361.

VANCOURT, R., « " Philosophie de l'avenir" et "Religion de l'homme" selon Feuerbach », *In* : *Nouvelle Revue Théologique*,96, Numéro 3, Lille,12e rue de la Bassée, (1974), p.266-281.

h. Thèse sur Feuerbach

PEPIN ; M-C. ; *La thèse de la sortie de la religion chez Marcel Gauchet en perspective : Feuerbach, Freud, Nietzsche* ; Mémoire de Maitrise en Philosophie ; Université de Québec ; Aout 2007.

i. Dictionnaires

ANDRE, C-S., (dir), Dictionnaire philosophique, Paris, PUF, (2001), 2013.

VOLTAIRE, (dir), Dictionnaire philosophique, Los Gallardos,2005.

j. Ouvrage d'autres auteurs

ARENDT, H., L'impérialisme. Les origines du totalitarisme, (Trad. M. LE2IRIS et H. FRAPPAT), Fayard, (1982), 2002.

CIMWANGA BADIBANGA, A. ; Mbororo, l'invention d'une nation ; Editions Universitaires Européens, Berlin,2016.

FICHTE, Nouvelle présentation de la doctrine de la science, (Trad. THOMAS-FOGIEL), Paris, Vrin, 1999.

HYPPOLITE, J., Genèse et structure de la phénoménologie de l'esprit, Paris, Aubier, 1946.

MARX, K. et ENGELS, F., Sur la religion, (Trad. G. BADIA, P. BANGE et E. BOTTIGELI), Paris,1968.

NDUDANGA KAVARIOS, P., Interface du management public dans la mondialisation monétaire. De l'exterritorialité des monnaies étrangères à la territorialité du franc congolais pour la mondialisation monétaire, Editions Universitaires Européennes,2017.

NIETZSCHE, F., Le gai savoir, les Echos de Maquis, édition électronique (1887),2011.

SPINOZA, Traité théologico –politique, (Trad. C. APPUHN), GF Flammarion,1965.

WEBER, M., L'éthique protestante et l'esprit du capitalisme, (Trad. J. CHAVY), Paris,1964.

WEILL, S., L'enracinement. Prélude à une déclaration des devoirs envers l'être humain, Paris, Gallimard, 1949.

ZIEGLER, J., Les nouveaux maitres du monde et ceux qui les résistent, Fayard,2002.

Ouvrages d'Auguste Comte

Cours de philosophie positive, Paris, Librairie Larousse, janvier 1936.

Discours sur l'esprit positif, Québec à Chicoutimi, (1842) ,18 février 2002.

Catéchisme positif, Québec à Chicoutimi, (1852), 18 février 2002.

Ouvrages d'Aristote

« Préliminaire », La morale et la politique, Tome I (Trad. M. THUROT), Paris, 1823.

La métaphysique, (Trad. B- S –H. JULES et A. PERRON), Paris, Ladrange, (1838), 1840.

Ouvrages d'Emmanuel Kant

Critique de la raison pratique, Paris, 1888.

Critique de la raison pure, (Trad. A. TREMESAYGUES et B. PACAUD), Paris, 1905.

La religion dans les limites de la raison, (Trad. A. TREMESAYGUES), Paris,1913.

Pensée successives sur la théodicée et la religion, (Trad. P. PESTUGIERE), Paris,1963.

k. Ouvrage d'autres auteurs à lire

BARTH, K., Protestant Theology in the Nineteenth Century (La théologie protestante au dix-neuvième siècle, Genève, 1969), London, 1972.

BRAGUE ; R. ; Europe, la voie romaine ; Paris,1992.

LADRIERE, J., La Philosophie des Sciences, dans P. WIGNY, La nouvelle bibliothèque de l'honnête homme, Anvers, Imprimerie Excelsior, 1968.

MEHL, R., Le vieillissement et la mort, Paris, 1962.

l. Articles d'autre auteurs

MWAMBA E.K, « Pour une éducation politique chrétienne en RDC » *in* : *Revu Théologique Shalom* : L'Eglise/la Bible et la politique, *actes des journées Scientifiques organisées par le Centre de Recherche Shalom du 27 au 29 avril 2011*, 2eAnnée, Numéro 2, (2011), p.29-53.

m. Article d'autre auteur à lire

GARY BADCOCK, D., « Divine Freedom in Hegel », in Irish *Theological Quarterly*, 61, (1995), pp. 265-271.

n. Thèse d'autre auteur

KALINDULA, N., Articulation de la raison et problème des fondements des sciences dans l'épistémologie de Jean Ladrière, Thèse de doctorat en Philosophie, Université Catholique du Congo, Kinshasa-Limete, mars 2017.

o. Thèse d'autre auteur à lire

MWAMBA, E.K., The probleme of teaching twofold love : Christian education and culture of peace in he Great Lakes Region, [Le problème de l'enseignement du double amour : education chrétienne et une culture de paix dans la région des Grands Lacs]. Dth Thesis, Universty of South Africa, 2008.

p. Webographie

ARI SIMHON, « Une " sombre énigme " ? Etude hégélienne » (2006) , disponible sur https://www.cairn.info/revue-archives-de-philosophie-2006-4-page- 601.htm Consulté mercredi 7 avril 2021 à 13 :27.

Biographie d'Edmund Husserl, disponible sur htttps://www.google.com/search?q=méthode+phénoménologique+Edmond+Hursell&oq=méthode+phénoménologique+eDMOND+Hursell&aqs=chrome...69i57.2629ojoj4&client=ms-android-transsion-rev1&sourceid=chrome-mobile&ie=UTF-8 Consulté samedi 17 avril 2021 à 00 :58.

DURAND, A. , « Ludwig Feuerbach : la religion de l'Homme », (2008),disponible sur https://journals.openedition.org/trajectoires/213 Consulté jeudi 8 avril 2021 à 06 :07.

FEUERBACH, L., « L'Essence du christianisme de Feuerbach », (1841), (02 juillet 2019), disponible sur https://www.philomag.com/philosophes/ludwig-feuerbach Consulté vendredi 9 avril 2021 à 11 :49.

FEUERBACH, L., « La période que représente la religion pour l'humanité », disponible sur https://materialisme-dialectique.com/feuerbach-sur-la-periode-que-represente-la-religion-pour-lhumanite/ mercredi 7 avril 2021 à 11 :44.

GARO, I., « La représentation chez Feuerbach, Sensation, religion et philosophie », (2001), disponible sur https://www.cairn.info/revue-archives-de-philosophie-2001-4-page-669.htm Consulté mercredi 7 avril 2021 à 11 : 05.

LACROIX, J., « L'humanisme athée de Feuerbach», (le 12 juillet 1957 à 00h00), https://www.lemonde.fr/archives/article/1957/07/12/l-humanisme-athee-de-feuerbach_2319918_1819218.html Consulté vendredi 9 Avril 2021 à 12 :41.

SCHLESINGER, « Portrait de Hegel », (1831), disponible sur https://fr.wikipedia.org/wiki/Georg_Wilhelm_Friedrich_Hegel Consulté mardi 6 avril 2021 à 16 :59.

Table des matières

CURRICULUM VITAE (C.V)

I. GÉNÉRALITÉ

Nom : AWADHIFO

Post-nom : AYIBHO

Prénom : SAMUEL

Lieu et date de naissance : RETHY, le 07/07/1993

Province d'origine : ITURI

Territoire d'origine : ARU

État-civil : CÉLIBATAIRE

Nationalité : CONGOLAISE (RDC)

II. ÉTUDES FAITES ET TITRES ACADÉMIQUES

Licencié en Philosophie : Université de Kisangani à 2019.

Gradué en Philosophie : Université de Kisangani à 2017.

Diplôme d'État en Latin-philosophie : Institut d'Aru à 2013.

Certificat d'école primaire : École Primaire Aru–Ania, Territoire d'Aru, Province Orientale, à 2006.

III. CONFÉRENCE ET BREVET OBTENU

Un Brevet du 19eme Semaine Philosophique de Kisangani, sur le thème : « Violence et Rationalités : Paradoxe pour l'homme du 3 ^{ème} millénaire » en Philosophât Edith Stein à 2018.

Conférence à la 1ere Journée Philosophique des Étudiants de Kisangani, sur le thème : « Philosophie et Pouvoir : la portée du langage et ses retombées dans le discours politique », le 30 Juin 2018 dans l'Amphithéâtre de l'Université de Kisangani.

IV. LANGUES PARLÉES

Langue nationales :

Français ; parlé et écrit, très bien.

Swahili ; parlé et écrit, très bien.

Lingala ; parlé et écrit, très bien.

Anglais ; parlé et écrit, bien.

Langue locale : Lugbara.

V. EXPÉRIENCE PROFESSIONNELLE

A 2021, Assistant à l'Université du CEPROMAD de Bunia.

VI. FORMATION

Formation en informatique : Word, Excel, Power point, Initiation à l'internet et Logiciel SPSS.

VII. RÉFÉRENCES

En RDC :

Professeur Emmanuel MUAMBA Kamuanga, Tel : +243822188569

Professeur Ordinaire Jean Pierre BOKANGA Itindi.

Professeur Norbert KALINDULA, Tel : +243811677889 ; E-mail : norbertkalindula@gmail.com.

VIII. ADRESSE

Adresse actuel : En RDC, Province de l'Ituri, ville de Bunia.

Numéro Téléphone : +243822619526

E-mail : samyawadhifo@gmail.com

Déclarations sincères et exactes.

Samuel AWADHIFO Ayibho

Printed by Books on Demand GmbH, Norderstedt / Germany